365 이벤트

이기적 홈페이지 & 스터디 카페

❶ 기출문제 복원 이벤트

이기적 수험서로 열심히 공부하고
시험에 응시하신 독자님들,
기억나는 문제를 공유해 주세요.

응시일로부터
7일 이내의
복원 제보만
인정됩니다

세부 내용

참여 혜택

📖 영진닷컴 도서(최대 30,000원 상당)
🎁 이벤트 선물(영진닷컴 쇼핑몰 포인트, N페이
포인트 등 다양한 혜택 제공)

❷ 리뷰 참여 이벤트

온라인 서점 또는 개인 SNS에
도서리뷰와 합격 후기를 작성해 주세요.

YES 24
알라딘
인터파크 도서
교보문고

세부 내용

당첨자 확인

세부 내용

❸ 정오표 이벤트

⚠️ 이기적 수험서의 오타 및 오류를 영진닷컴에
제보해 주세요.

book2@youngjin.com으로 [도서명], [페이지],
[수정사항], [이름], [연락처]를 보내주세요.

이기적 스터디 카페

1:1 질문답변

집에서도, 카페에서도, 도서관에서도!
전문가 선생님의 1대1 맞춤 과외!

온라인 스터디

서로 당겨주고, 밀어주고, 합격을 함께 할
스터디 파트너를 구해 보세요!

구매자 한정 혜택

시험장까지 함께 가는 핵심요약

최신 기출문제

구매자 한정 혜택

FINAL 모의고사

마인드맵

벼락치기 노트

용어&영단어 100선 등

오직 스터디 카페에서만
제공하는 추가 자료를 받아 보세요!

* 제공되는 혜택은 도서별로 상이합니다. 각 도서의 혜택을 확인해 주세요.

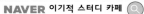 NAVER 이기적 스터디 카페

나만의 합격 키트

캘린더 & 스터디 플래너 & 오답노트

PDF 다운로드 후
태블릿 PC에서
사용 가능합니다.

캘린더

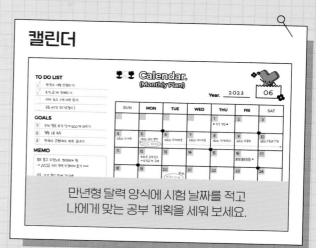

만년형 달력 양식에 시험 날짜를 적고
나에게 맞는 공부 계획을 세워 보세요.

스터디 플래너

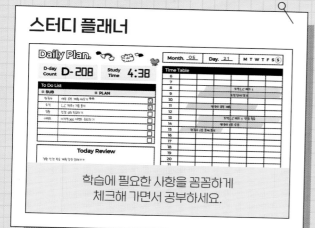

학습에 필요한 사항을 꼼꼼하게
체크해 가면서 공부하세요.

오답노트

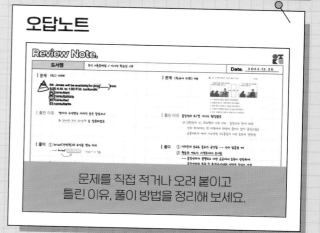

문제를 직접 적거나 오려 붙이고
틀린 이유, 풀이 방법을 정리해 보세요.

다꾸 스티커 패키지

추 가 증 정
이 벤 트

스티커1

스티커2

스티커3

명품 강사진

누적 조회수 3400만이 시청한
명품 강의로 한 번에 합격!

정보처리기사	컴퓨터활용능력	컴퓨터그래픽스운용기능사	한식조리기능사
고소현	박윤정	이향아	최경선

정보처리기사	컴퓨터활용능력	한국사능력검정	전산회계	지게차/굴착기
한진만	홍태성	김민석	정창화	김주승

**이기적 강의는
무조건 0원!**

▶ YouTube 이기적 영진닷컴 🔍

**강의를 듣다가
궁금한 사항은?**

NAVER 이기적 스터디 카페 🔍

이렇게
기막힌
적중률

양식조리기능사
실기 기본서

"이" 한 권으로 합격의 "기적"을 경험하세요!

알려드립니다.

책을 이미 샀는데, 시험 내용이 바뀌었다?!
수험생 두 번 울리는 시행처의 변덕!

시시각각 예고도 없이 시험 내용이 바뀌더라도 걱정하지 마세요!
이기적은 변경되는 시험에 맞춰 확실히 A/S를 해드립니다!
지금 바로 이기적 홈페이지에 접속하거나 아래 QR 코드를 스캔해 보세요!

한 번에 합격, 자격증은 이기적!

PC 접속   www.lisence.youngjin.com

모바일 스캔

차례 CONTENTS

초성별 차례 CONTENTS

QR 코드를 찍어보세요!
양식 조리기능사 전체 동영상 목록을 확인할 수 있습니다.

 동영상 무료

시험 안내 CRAFTSMAN COOK

01 자격증 취득과정

| 1 필기시험 원서접수 | → | 2 필기시험 | → | 3 필기 합격자 발표 | → | 4 실기시험 원서접수 | → | 5 실기시험 | → | 6 실기 합격자 발표 | → | 7 자격증 교부 |

❶ 필기시험 원서접수

- 접수기간 내에 인터넷을 이용하여 원서접수를 할 수 있다.
  (비회원의 경우 우선 회원 가입을 하고, 사진을 등록한 후 접수를 한다.)
- 한국산업인력공단 홈페이지 : q-net.or.kr
- 필기 응시료 : 14,500원

❷ 필기시험

- 준비물 : 필기도구, 수험표, 신분증, 계산기
- 시험과목 : 양식 재료관리, 음식조리 및 위생관리
- 문항수 : 총 60문항
- 합격기준 : 100점 만점에 60점 이상(60문항 중 36문항 이상이면 합격)

❸ 필기 합격자 발표

CBT 필기시험은 시험종료 즉시 합격 여부를 발표한다.

❹ 실기시험 원서접수

- 접수 시 시험 날짜를 선택하며, 먼저 접수하는 수험자가 시험일자 및 시험장 선택의 폭이 넓다.
- 실기시험 자격 : 필기시험 합격자, 국가기술자격법 시행규칙 제18조에 의한 필기시험 면제 대상자
  (자세한 사항은 지역본부 및 지사로 문의)
- 실기 응시료 : 29,600원

❺ 실기시험
- 준비물 : 수험표, 신분증, 실기 도구
- 시험문항 : 양식은 30가지의 메뉴 중 무작위로 출제
- 합격기준 : 100점 만점에 60점 이상

❻ 실기 합격자 발표

q-net.or.kr에서 합격 여부를 확인한다.

❼ 자격증 교부
- 형태 : 수첩 형태의 자격증 발급
- 신청 절차 : q-net.or.kr에서 발급 신청
- 시험접수 관련 문의전화 : 1644-8000

02 실기 시험 진행 방법 및 주의사항

❶ 시험 전날 수검자 지참물을 준비 및 확인한다.
- 위생복, 앞치마, 위생모는 주름 없이 다려서 준비한다.
- 시험 시간과 장소를 확인하고 수검표, 주민등록증을 챙긴다.
- 행주, 면포, 키친타월을 넉넉히 준비한다.
- 매니큐어는 지우고 손톱을 짧게 깎는다.

❷ 시험 당일 진한 화장, 악세서리, 손목시계, 신발 등을 확인한다.

❸ 본인이 지급받은 재료와 목록표의 재료를 확인하여 부족하거나 없는 재료, 상태가 좋지 않은 재료는 추가 지급 또는 재료 교체를 요구한다(단, 시험이 시작된 후에는 재지급되지 않는다).

❹ 작품은 반드시 시험장 완성 그릇에 담아 제출하여야 한다(본인이 가져간 그릇을 사용하면 부정행위로 오인할 수 있다).

❺ 시험 도중 옆 사람과 대화하거나 재료, 도구 등을 빌리면 부정행위로 인정된다.

❻ 시험이 시작되면 손을 씻고 지급된 재료를 세척한 후 작업에 들어간다.

❼ 2가지 메뉴에 알맞게 재료를 분류하여 접시에 담는다.

❽ 시험 도중 재료나 조리 도구가 낙하하지 않도록 침착하게 시험에 임한다.

❾ 손을 베이거나 다치면 숨기지 말고 본부 위원의 도움을 받아 응급 조치를 취한 후 다시 시험에 임한다.

❿ 요구사항을 꼼꼼히 읽은 후 크기, 수량(㎖, 개수, 전량), 작품 형태 등에 맞도록 한다.

⑪ 작품이 덜 익거나 반대로 태우면 실격으로 채점 대상에서 제외된다.

⑫ 수량이 미달되거나 1가지 작품만 제출하면 실격으로 채점 대상에서 제외된다.

⑬ 지급 재료 이외의 재료를 사용하면 실격으로 채점대상에서 제외된다.

⑭ 작품을 제출 후 개수대, 가스레인지 등을 깨끗이 정리하고 퇴실하여야 정리 정돈 점수에서 감점되지 않는다.

⑮ 시험이 시작되면 가스밸브가 열렸는지 확인하며 시험이 끝나면 가스밸브를 잠그고 퇴실한다.

03 실기 시험 준비물

재료명	규격	수량	재료명	규격	수량
계량스푼	사이즈별	1개	앞치마	백색(남녀공용)	1개
계량컵	200㎖	1개	위생모 또는 머리수건	백색	1개
주걱	소	1개	위생복	상의—백색, 손목까지 오는 긴소매 하의—발목까지 오는 긴바지	1개
냄비	조리용	1개	위생타월	면	1개
대나무젓가락	40×50cm 정도	1개	종이컵		1매
랩, 호일	조리용	1개	칼	조리용 칼, 칼집 포함	1개
소창 또는 면포	흰색, 30×30cm 정도	1개	키친타월(종이)	주방용	1개
쇠조리 (혹은 체)	조리용	1개	테이블 스푼		1매
도마	나무도마 또는 흰색	1개	후라이팬	소형	2개
거품기	수동만 가능 (자동, 반자동 불가능)	1개	이쑤시개	크기 제한 없음	1개
다시백		1개	볼(bowl)		1개
가위		1개	상비의약품		1개
강판		1개	마스크		
채칼	(시저 샐러드만)	1개			

▶ 자격정보시스템의 수험자 지참준비물 수량(1개)은 최소 필요량을 표시하였으므로 수험자가 필요시 추가 지참 가능하며, 시험에 불필요하다고 판단되는 것은 지참하지 않아도 무방합니다.

▶ 지참 준비물 목록에는 없으나 조리에 직접 사용되지 않는 조리 주방용품(예, 수저통 등)은 지참 가능합니다.

▶ 후라이팬, 볼, 도마, 냄비는 시험장에도 준비되어 있습니다.

▶ 시행처의 준비물 목록에는 '면보, 위생타올, 키친타올'로 되어 있지만, 본 도서에서는 표준국어대사전의 표기 방식에 따라 '면포, 위생타월, 키친타월'로 표기하였습니다.

04 실기 시험 채점 기준표 및 출제기준

과목	세부항목	배점
공통 채점(10점)	위생복 착용, 위생 상태	3점
	조리 과정, 기구 취급	4점
	정돈, 청소	3점
조리 기술(60점)	조리 방법, 숙련도	30점 × 2
작품 평가(30점)	맛, 색, 모양, 그릇	15점 × 2
실격	(1) 가스레인지 화구 2개 이상(2개 포함) 사용한 경우 (2) 불을 사용하여 만든 조리 작품이 작품 특성에 벗어나는 정도로 타거나 익지 않은 경우 (3) 위생복, 위생모, 앞치마, 마스크를 착용하지 않은 경우 (4) 지정된 수험자 지참 준비물 이외의 조리기구를 사용한 경우 (5) 시험 중 시설·장비(칼, 가스레인지 등) 사용 시 감독위원 및 타수험자의 시험 진행에 위협이 될 것으로 감독위원 전원이 합의하여 판단한 경우 (6) 시험시간 내에 과제 두 가지를 제출하지 못한 경우 (7) 문제의 요구사항대로 과제의 수량이 만들어지지 않은 경우 (8) 구이를 찜으로 조리하는 등과 같이 조리 방법을 다르게 한 경우 (9) 해당 과제의 지급재료 이외의 재료를 사용하거나 석쇠 등 요구사항의 조리 도구를 사용하지 않은 경우	

직무 분야	중직무 분야	자격종목	적용기간
음식 서비스	조리	양식조리기능사	2023.1.1 ~ 2025.12.31

- **직무내용** 양식메뉴 계획에 따라 식재료를 선정, 구매, 검수, 보관 및 저장하며 맛과 영양을 고려하여 안전하고 위생적으로 음식을 조리하고 조리기구와 시설관리를 수행하는 직무이다.

- **수행준거**
1. 음식조리 작업에 필요한 위생관련 지식을 이해하고, 주방의 청결상태와 개인위생·식품위생을 관리하여 전반적인 조리작업을 위생적으로 수행할 수 있다.
2. 주방에서 일어날 수 있는 사고와 재해에 대하여 안전기준 확인, 안전수칙 준수, 안전예방 활동을 할 수 있다.
3. 기본 칼 기술, 주방에서 업무수행에 필요한 조리기본 기능, 기본 조리방법을 습득하고 활용할 수 있다.
4. 육류, 어패류, 채소류 등을 활용하여 양식조리에 사용되는 육수를 조리할 수 있다.
5. 식욕을 돋우기 위한 요리로 육류, 어패류, 채소류 등을 활용하여 곁들여지는 소스 등을 조리할 수 있다.
6. 각종 샌드위치를 조리할 수 있다.
7. 어패류·육류·채소류·유제품류·가공식품류를 활용하여 단순 샐러드와 복합 샐러드, 각종 드레싱류를 조리할 수 있다.
8. 어패류·육류·채소류·유제품류·가공식품류를 활용하여 조식 등에 사용되는 각종 조식요리를 조리할 수 있다.

실기검정방법	작업형	시험시간	55~70분 정도

05 위생상태 및 안전관리 세부기준 안내

순번	구분	세부 기준
1	위생복 상의	• 전체 흰색, 손목까지 오는 긴소매 　– 조리과정에서 발생 가능한 안전사고(화상 등) 예방 및 식품위생(체모 유입 방지, 오염도 확인 등) 관리를 위한 기준 적용 　– 조리과정에서 편의를 위해 소매를 접어 작업하는 것은 허용 　– 부직포, 비닐 등 화재에 취약한 재질이 아닐 것, 팔토시는 긴팔로 불인정 • 상의 여밈은 위생복에 부착된 것이어야 하며 벨크로(일명 찍찍이), 단추 등의 크기, 색상, 모양, 재질은 제한하지 않음(단, 핀 등 별도 부착한 금속성은 제외)
2	위생복 하의	• 색상 · 재질 무관, 안전과 작업에 방해가 되지 않는 발목까지 오는 긴바지 　– 조리기구 낙하, 화상 등 안전사고 예방을 위한 기준 적용
3	위생모	• 전체 흰색, 빈틈이 없고 바느질 마감 처리가 되어 있는 일반 조리장에서 통용되는 위생모(모자의 크기, 길이, 모양, 재질(면 · 부직포 등)은 무관)
4	앞치마	• 전체 흰색, 무릎 아래까지 덮이는 길이 　– 상하 일체형(목끈형) 가능, 부직포 · 비닐 등 화재에 취약한 재질이 아닐 것
5	마스크	• 침액을 통한 위생상의 위해 방지용으로 종류는 제한하지 않음(단, 감염병 예방법에 따라 마스크 착용 의무화 기간에는 '투명 위생 플라스틱 입가리개'는 마스크 착용으로 인정하지 않음)
6	위생화(작업화)	• 색상 무관, 굽이 높지 않고 발가락 · 발등 · 발뒤꿈치가 덮여 안전 사고를 예방할 수 있는 깨끗한 운동화 형태
7	장신구	• 일체의 개인용 장신구 착용 금지(단, 위생모 고정을 위한 머리핀 허용)
8	두발	• 단정하고 청결할 것, 머리카락이 길 경우 흘러내리지 않도록 머리망을 착용하거나 묶을 것
9	손/손톱	• 손에 상처가 없어야 하나, 상처가 있을 경우 보이지 않도록 할 것(시험위원 확인 하에 추가 조치 가능) • 손톱은 길지 않고 청결하며 매니큐어, 인조손톱 등을 부착하지 않을 것
10	폐식용유 처리	• 사용한 폐식용유는 시험위원이 지시하는 적재장소에 처리할 것
11	교차오염	• 교차오염 방지를 위한 칼, 도마 등 조리기구 구분 사용은 세척으로 대신하여 예방할 것 • 조리기구에 이물질(예, 테이프)을 부착하지 않을 것
12	위생관리	• 재료, 조리기구 등 조리에 사용되는 모든 것은 위생적으로 처리하여야 하며, 조리용으로 적합한 것일 것
13	안전사고 발생 처리	• 칼 사용(손 빔) 등으로 안전사고 발생 시 응급조치를 하여야 하며, 응급조치에도 지혈이 되지 않을 경우 시험진행 불가
14	눈금표시 조리도구	• 눈금표시된 조리기구 사용 허용 (실격 처리되지 않음, 2022년부터 적용) (단, 눈금표시에 재어가며 재료를 써는 조리작업은 조리기술 및 숙련도 평가에 반영)

15	부정 방지	• 위생복, 조리기구 등 시험장 내 모든 개인물품에는 수험자의 소속 및 성명 등의 표식이 없을 것(위생복의 개인 표식 제거는 테이프로 부착 가능)
16	테이프 사용	• 위생복 상의, 앞치마, 위생모의 소속 및 성명을 가리는 용도로만 허용

※ 위 내용은 안전관리인증기준(HACCP) 평가(심사) 매뉴얼, 위생등급 가이드라인 평가 기준 및 시행상의 운영사항을 참고하여 작성된 기준입니다.

06 위생상태 및 안전관리에 대한 채점기준 안내

위생 및 안전상태	채점 기준
1. 위생복(상/하의), 위생모, 앞치마, 마스크 중 한 가지라도 미착용한 경우 2. 평상복(흰티셔츠, 와이셔츠), 패션모자(흰털모자, 비니, 야구모자) 등 기준을 벗어난 위생 복장을 착용한 경우	실격 (채점대상 제외)
3. 위생복(상/하의), 위생모, 앞치마, 마스크를 착용하였더라도 　• 무늬가 있거나 유색의 위생복 상의 · 위생모 · 앞치마를 착용한 경우 　• 흰색의 위생복 상의 · 앞치마를 착용하였더라도 부직포, 비닐 등 화재에 취약한 재질의 복장을 착용한 경우 　• 팔꿈치가 덮이지 않는 짧은 팔의 위생복을 착용한 경우 　• 위생복 하의의 색상, 재질은 무관하나 짧은 바지, 통이 넓은 힙합스타일 바지, 타이츠, 치마 등 안전과 작업에 방해가 되는 복장을 착용한 경우 　• 위생모가 뚫려있어 머리카락이 보이거나, 수건 등으로 감싸 바느질 마감 처리가 되어있지 않고 풀어지기 쉬워 일반 조리장용으로 부적합한 경우 4. 이물질(예. 테이프) 부착 등 식품위생에 위배되는 조리기구를 사용한 경우	'위생상태 및 안전관리' 점수 전체 0점
5. 위생복(상/하의), 위생모, 앞치마, 마스크를 착용하였더라도 　• 위생복 상의가 팔꿈치를 덮기는 하나 손목까지 오는 긴소매가 아닌 위생복(팔토시 착용은 긴소매로 불인정), 실험복 형태의 긴 가운, 핀 등 금속을 별도 부착한 위생복을 착용하여 세부기준을 준수하지 않았을 경우 　• 테두리선, 칼라, 위생모 짧은 창 등 일부 유색의 위생복 상의 · 위생모 · 앞치마를 착용한 경우(테이프 부착 불인정) 　• 위생복 하의가 발목까지 오지 않는 8부바지 　• 위생복(상/하의), 위생모, 앞치마, 마스크에 수험자의 소속 및 성명을 테이프 등으로 가리지 않았을 경우 6. 위생화(작업화), 장신구, 두발, 손/손톱, 폐식용유 처리, 안전사고 발생 처리 등 '위생상태 및 안전관리 세부기준'을 준수하지 않았을 경우 7. '위생상태 및 안전관리 세부기준' 이외에 위생과 안전을 저해하는 기타사항이 있을 경우	'위생상태 및 안전관리' 점수 일부 감점

※ 위 기준에 표시되어 있지 않으나 일반적인 개인위생, 식품위생, 주방위생, 안전관리를 준수하지 않을 경우 감점 처리될 수 있습니다.

※ 수도자의 경우 제복 + 위생복 상의/하의, 위생모, 앞치마, 마스크 착용 허용

01 서양 요리의 특징

서양 요리란 프랑스식의 요리법을 기본으로 하여 미국, 캐나다, 이탈리아, 영국 등의 서구 음식을 총망라하여 지칭하는 말이다. 서양 요리에 대해 이해하고 깊이 있게 연구하기 위해서는 가장 먼저 프랑스 요리의 역사에 대해 공부할 필요가 있으며 실제로 국제적인 연회에서는 프랑스식 레시피가 사용되고 있다. 프랑스 요리의 근대적 발달은 앙리2세가 카트린드 공주와의 결혼으로 이탈리아 메디치가에서 다수의 유능한 조리사를 데려오는 것에서 발전되었다고 볼 수 있다. 그 이후 루이14세, 루이15세 때 프랑스 요리는 더욱 급성장하였다. 프랑스 요리의 아버지라 불리는 '카렘'은 그 당시 여러 요리책을 썼으며 요리의 질감, 풍미, 아름답게 꾸미기 등에도 관심 있게 연구하여 지금까지도 과거 그가 썼던 요리서는 많은 요리사들에게 인정받고 있다. 프랑스 혁명 이후 귀족의 집에서 요리를 담당하던 전담 요리사가 식당으로 들어가 실력을 발휘하게 되었고 그 식당은 현재의 고급 레스토랑으로 그 명성을 이어 내려오고 있다. 1950년대에 들어서면서 구습에서 벗어나 자유로운 형태의 요리인 '뉘벨 퀴진'이 등장했는데 이 요리의 특징은 음식의 신선도와 풍미를 최대한 살려 식재료 그대로의 맛을 즐기게 하는 데 목적을 두었다. 즉, 기본의 전통 프랑스 요리가 지나치게 화려하고 또한 만드는 데 노동력과 시간이 많이 걸리는 부분들을 약소화한 것이다. 이처럼 프랑스 요리는 단시간에 형성된 것이 아니라 오랜 역사와 그 안에서 수많은 조리사들의 노력과 연구로 현재의 대표 서양 요리가 된 것이다.

한국에 서양 요리가 도입된 시기는 1900년경으로 경인 철도 개통을 시초로 차내 식당에서 등장하기 시작하였고 본격적인 성장 발전 시기는 1970년대 중반으로 경양식 레스토랑이 문을 열기 시작하면서라고 본다. 서양과의 교류가 활발해진 오늘날 한국에서도 흔하게 서양 요리를 접할 수 있을 뿐만 아니라 다양한 가공 식품, 반조리 식품, 인스턴트 식품 등의 보급으로 가정에서도 서양 요리를 쉽게 조리하여 먹을 수 있게 되었다. 해외뿐만 아니라 국내에서도 여러 대학과 전문 기관에서 양식 조리사를 배출하고 있으며 앞으로 국내의 더욱 발전된 서양 요리를 기대해 본다.

02) 서양 요리의 식사 순서와 구성

- **앉기** : 웨이터가 안내하는 자리로 가서 의자를 뒤로 끌어주면 가볍게 인사를 하고 의자 왼쪽으로 들어가 앉는다. 식탁과 몸 사이는 주먹 하나가 들어갈 정도의 간격이 적당하다.
- **냅킨** : 냅킨을 가볍게 집어 들고 접힌 부분이 몸 쪽으로 오도록 무릎 위에 펼쳐 놓는다. 주로 식사 중 입을 닦거나 손을 닦는 데 사용하며 식사 후에는 가볍게 접어 식탁 위에 올려 놓는다.

1) **식전주** : 식사 전에 식욕을 자극하기 위해 마시는 술이다. 따라서 타액의 분비를 활발하게 하는 식전주를 선택하는 것이 좋다. 웨이터가 술을 따르는 중에는 잔을 손에 대지 않는다.

2) **전체 요리(오르되브르)** : 식사 전에 입맛을 자극하기 위해 가볍게 먹는 요리이다. 가장 바깥쪽의 포크와 나이프를 사용하며 카나페 등은 손으로 직접 들고 먹어도 좋다.

3) **수프&빵** : 수프를 그릇째 들고 마시거나 소리를 내며 먹는 것은 실례이다. 수프가 조금 남았을 경우 수프 볼을 본인 쪽으로 기울인 다음 스푼을 밑에서 위로 밀어 올리면서 떠먹는다. 빵은 나이프를 사용하지 않고 손으로 적당한 크기로 뜯어먹으며 떨어진 빵 부스러기는 웨이터가 치워줄 때까지 그대로 둔다.
    - 포타주(Potage) : 진한 농도의 수프
    - 콩소메(Consomme) : 맑은 농도의 수프

4) **생선 요리** : 생선의 위쪽 살을 모두 발라먹은 후 생선을 뒤집지 말고 뼈만 거둬내서 아래쪽 살을 마저 먹는다. 레몬즙은 주변으로 튀지 않도록 주의하면서 짜듯이 끼얹는다.

5) **샤베트** : 주로 생선 요리 다음에 서빙되는데 다음 요리의 맛을 제대로 느낄 수 있도록 입을 개운하게 한다. 샤베트란 페르시아어로 얼음 과일 음료라는 '샤르베트'에서 유래되었다.

6) **고기 요리** : 가장 큰 나이프와 포크를 이용하여 한입 크기로 썰어먹는다. 취향에 따라 굽는 정도를 미리 주문할 수 있으며 '레어(Rare) – 살짝 구운 것 / 미디엄레어(Medium Rare) – 레어보단 더 익힌 것 / 웰던(Welldone) – 완전히 속까지 익힌 것'으로 크게 구분된다.

7) **샐러드** : 나이프를 사용하지 않으며 큰 야채 등을 집는 정도의 용도로 사용할 수 있다. 드레싱은 2~3가지 지급되는데 한 가지만 선택하여 사용한다.

8) **치즈** : 손님 초대 시 치즈를 준비해 두는 것이 예의이다.

9) **디저트** : 수분이 많은 과일은 스푼을 이용하며 수분이 적은 과일은 포크를 이용한다.

10) **커피** : 잔을 잡을 때 손잡이를 엄지와 검지로 가볍게 잡는다.

11) **식후주** : 식사 후에 마시는 술로 소화를 촉진시키는 역할을 한다.

03 서양 요리의 기본 조리법

1) Baking(베이킹) : 고온 건조한 공기의 대류 현상을 이용한 오븐 구이 조리법으로 제과 · 제빵 로스팅에 이용한다.

2) Blanching(데치기) : 재료를 순간적으로 단시간 넣었다가 바로 식혀내는 조리법이다. 이 조리법의 목적은 불필요한 냄새와 불순물을 없애고 영양소의 용출을 막기 위함이다. 조직을 연화시키고 채소의 변색을 방지한다.

3) Boiling(삶기) : 100도의 비등점으로 가열하는 조리법으로 식재료의 조직을 연하게 하여 식감을 좋게 하고 소화 작용을 돕는다.

4) Blending(블렌딩) : 야채, 과일 등의 재료를 갈아내는 방법이다.

5) Braising(브레이징) : 육류나 채소에 물을 넣어 밀폐시킨 후 서서히 익히는 조리법으로 스튜와 로스팅의 중간 단계이다.

6) Broiling(굽기) : 직화 조리법으로 석쇠를 사용하거나 살라만더(Salamander), 토스터(Toaster)를 사용하는 방법이 있는데 식재료와 요리 목적에 따라 적절하게 선택하여 사용할 수 있다.

7) Creaming(크리밍) : 난백, 버터, 마가린, 생크림 등을 충분히 저어주어 크림과 같이 거품이 형성되는 방법이다.

8) Frying(튀기기) : 140~190도의 기름에 재료를 튀기는 조리법으로 단시간 가열하여 재료의 영양소 파괴가 적고 기름의 풍미가 더해져 맛이 좋아진다. 기름양이 많은 상태에서 행해지는 Deep-Fat Frying과 기름양이 적은 상태에서 행해지는 Panfrying으로 나뉜다.

9) Gratinating(그라탱) : 내열 용기에 이미 익혀져 요리된 음식을 넣고 그 위에 소스, 치즈, 난황 등을 얹어 오븐에 다시 구워낸 요리이다.

10) Grilling(그릴링) : 간접 전도열을 이용하는 조리법으로 주로 철판, 냄비, 프라이팬 등이 사용된다.

11) Poaching(포우칭) : 생선, 달걀, 단단한 채소 등을 끓는점 이하 온도에서 수분을 이용해 익히는 방법으로 표면이 건조해지거나 딱딱하게 마르지 않는다. 양식 조리 실기 메뉴에선 '솔모르네'에 사용되는 요리법이다.

12) Roasting(로스팅) : 육류나 가금류를 큰 덩어리 째로 오븐에 굽는 방법이다. 겉은 갈색이 나고 속은 충분히 익어 풍미가 높아진다.

13) Sauteing(소테잉) : 팬에 버터, 기름을 두르고 순간적으로 볶는 방법으로 재료 고유의 맛을 유지할 수 있다.

14) Simmering(시머링) : 아주 낮은 온도에서 장시간 끓이는 방법으로 주로 스톡을 끓여낼 때 사용하는 조리법이다. 재료에서 맛과 영양을 충분히 용출시켜 국물(스톡) 맛을 좋게 하는 목적이 있다.

15) Steaming(찌기) : 고압의 스팀에서 찌는 방법으로 한 번에 많은 양의 조리가 가능하며 식품의 모양을 그대로 유지할 수 있으며 영양소 유출도 적다.

16) Stewing(스튜) : 뚜껑 있는 용기에 어육류, 가금류, 채소 등을 넣어 약한 불로 뭉근히 끓인 음식이다.

04 서양 요리의 기본 썰기법

1) **줄리엔느(Julienne)** : 야채나 요리의 재료를 7×0.2×0.2cm 크기로 가늘고 길게 써는 작업으로 크기나 두께에 따라 가는 줄리엔느와 중간 줄리엔느로 나뉜다.

2) **부르노아(Brunoise)** : 사방 0.3cm 크기의 작은 정육각형 네모 썰기 형태이다.

3) **다이스(Dice)** : 야채나 요리 재료를 주사위 모양으로 써는 작업으로 정육각형을 기본으로 한다.

4) **스몰다이스(Small Dice)** : 0.6cm 크기의 육각형 네모 썰기 형태이다.

5) **미디움 다이스(Midium Dice)** : 한 면이 0.8cm 정도의 정육각형 네모 썰기 형태이다.

6) **라지 다이스(Large Dice)** : 한 면이 2cm 정도의 정육각형 네모 썰기 형태이다.

7) **토너(Tourner)** : 감자나 사과, 배 등의 둥근 과일이나 뿌리 야채를 돌려가며 깎아 내는 것을 말한다

8) **콩카세(Concasse)** : 가로·세로를 0.5cm 크기의 정사각형으로 써는 방법으로 주로 토마토 썰기에 사용된다.

9) **꼬흐넷(Cornet)** : 나팔 모양으로 써는 법으로 감자, 호박, 무 등을 나팔 모양으로 다듬어 곁들임 야채로 사용한다.

10) **올리벳토(Olivette)** : 올리브 모양으로 다듬어 곁들임으로 사용한다.

11) **파리지엔(Parisienne)** : 야채나 과일을 둥근 구슬 모양으로 파내는 방법이다.

12) **뻬이잔느(Paysanne)** : 정사각형의 얇은 두께로 써는 방법으로 야채 수프 등을 요리할 때 사용한다.

13) **샤토(Chateau)** : 오크통 모양으로 썰어 다듬는 방법이다.

14) **살피콘(Salpicon)** : 주로 육류를 작은 정사각형으로 써는 것이다.

05 향신료

1. 향신료의 특징

향신료(Spice)는 음식에 방향, 착색, 풍미를 주어 식욕 촉진과 맛을 향상시키는 식물성 물질로 Spice와 Herb로 불리며 사용하는 목적에 따라 나누어 사용할 수 있다. 음식을 만들 때 첨가하면 요리의 풍미를 높일 뿐만 아니라 맛을 향상시키며 소화 기능을 도와주는 역할을 한다. 허브(Herb)란 스파이스 안에 포함되는 개념으로서 좁은 의미로 해석할 수 있고 스파이스(Spice)는 허브를 포함하는 개념이라고 할 수 있다. Spice는 방향성 식물의 뿌리, 줄기, 껍질, 씨앗 등 딱딱한 부분으로 비교적 향이 강하며 Herb는 잎이나 꽃잎 등 비교적 연한 부분으로 Spice와 Herb를 향신료라 한다.

오늘날 향신료는 그 이용 범위가 넓어져 요리뿐만 아니라 향료나 약용, 채소, 양념, 식품 보존제 및 첨가물 등으로 광범위하게 사용되고 있다.

향신료는 4가지의 기본 기능이 있는데, 누린내와 비린내가 화학적으로 결합하여 불쾌하게 나는 냄새를 억제하는 기능, 식품 자체의 맛을 이끌어내는 동시에 향기를 만들어내는 기능, 매운맛과 쌉쌀한 맛 등을 통하여 소화액 분비를 촉진시켜 식욕을 증진시키는 기능, 음식에 색을 더해주는 착색 기능이 있다. 또한 향신료는 예로부터 각종 병의 치료와 예방에 사용되는 등 그 효용이 높았다. 신선도나 보존 방법에 따라 향미에 변화가 생기므로 소량으로 구입하고 밀봉 용기에 담아 열 · 빛 · 습기를 차단한다. 특히 분말 향신료는 향기 성분이 없어지기 쉬우므로 밀폐에 더욱 신경쓰며 조리 중인 뜨거운 요리에 병째 뿌려 속으로 습기가 들어가지 않도록 한다. 그릇마다 작은 스푼을 준비하여 필요량만을 떠서 사용하는 것이 바람직하다.

2. 향신료의 종류

1) **통후추(Whole Pepper), 검은 후추가루(Black Pepper), 흰 후추가루(White Pepper)** : 후추는 색과 맛이 조금씩 다르며, 주방에서 각기 독립적인 용도로 사용하고 있다. 각 후추는 같은 종자에서 나오지만 검은 후추가루는 매운맛이 강하고 흰 후추가루는 순한 맛으로 옅은 색의 요리에 사용한다.

2) **정향(Clove)** : 강한 향이 나고 약용과 요리용으로 널리 사용하고 있다. 향이 강하여 양을 조절해서 사용해야 음식의 맛을 잘 살릴 수 있다. 서양 요리에 여러 목적으로 사용되는데 전채 요리, 스톡, 커리, 펀치 음료, 소스, 피클 등에 두루 사용된다. 보관 시에는 다른 재료와 섞이지 않도록 하며 반드시 밀폐 용기에 보관한다.

3) 케이퍼(Caper) : 지중해 관목 꽃봉오리로 주로 프랑스, 스페인, 이탈리아 등지에서 생산된다. 케이퍼는 소화를 돕고 신체 활동성을 높인다. 주로 훈제 어육류에 곁들여지며 소스에 첨가하기도 한다. 보관 시에는 소금물에 담가 유리병에 냉장 보관한다. 양식 조리 실기 메뉴에서는 '샐러드 부케를 곁들인 참치 타르타르'에 지급되는 재료이다.

4) 케이엔 페퍼(Cayenne Pepper) : 서양 요리에서 매운맛을 내는 붉은 향신료이다. 어육류, 달걀, 드레싱, 샐러드 등에 사용할 수 있다.

5) 파슬리(Parsley) : 파슬리는 두 가지 종류가 흔히 사용되는데, 잎이 꾸불꾸불한 컬리 파슬리(Curly Pasley)와 잎이 넙적한 이탈리안 파슬리(Italyan Pasley)이다. 파슬리는 쉽게 자라고 잘 시들지 않는다. 영양적으로 비타민 A와 C가 풍부하게 함유되어 있고 살균 작용을 하는 엽록소도 풍부하다. 양식 조리 실기 상당수의 메뉴에서 파슬리가 사용되는데 줄기는 주로 스톡에, 잎은 다지거나 다발의 장식용으로 사용된다.

6) 바질(Sweet Basil) : 바질의 어원인 Basilisk는 고대 그리스어로 왕을 의미하며 힌두교에서는 바질을 신에게 바치는 신성한 향초로 여겨왔다. 주로 건조시켜 사용하며 건조 후 달콤한 민트향이 나는데 생바질이 더욱 신선하고 향이 좋다. 오래 보관할 수 있도록 주로 건조시켜 사용하며 잎과 줄기 모두 요리에 사용된다. 보관 시에는 올리브유를 살짝 바르고 서로 겹쳐지지 않도록 밀폐용기에 보관한다. 토마토, 해물요리에 사용하면 풍미가 높아지고 음료에 사용하여 청량감을 주기도 한다.

7) 월계수(Sweet Bay) : 월계수는 향신료의 어머니라고 불린다. 서양 요리에는 대부분 이것이 사용되는데 스톡, 소스에 주로 이용되며 다른 향신료와 함께 사용하면 맛을 보완하고 특유의 풍미와 향을 낼 수 있다.

8) 홀스레디쉬(Horseradish) : 겨자와 비슷한 종류며 뿌리 향신료이다. 알싸하게 톡 쏘는 매운맛이 있으며 생선요리와 곁들이면 풍미가 좋다. 갈아서 드레싱, 소스, 샐러드에 이용되며 과거엔 질병 치료에 주로 사용하였다.

9) 처빌(Chervil) : 파슬리와 비슷한 모양이며 향은 더욱 강하다. 서양 요리에서 주로 장식에 쓰이며 생선, 계란, 가금류 등에 넣어 사용할 수 있다.

10) 딜(Dill) : 가볍고 가느다란 깃털같이 생겼고 향이 강하다. 소스, 드레싱에 다져서 사용되기도 하며 피클에 넣으면 상큼한 향과 맛이 난다. 뜨거운 음식에 넣을 때는 완성 직전에 넣어 향을 유지시킨다.

11) 차이브(Chive) : 차이브의 향은 톡 쏘면서도 향긋해 식욕을 돋운다. 파의 일종으로 은은한 양파 향을 지니고 있다. 비타민 C와 철분이 많아 혈압을 내린다고 알려져 있으며 음식에 넣으면 방부 역할을 하기도 한다.

12) 마늘(Garlic) : 마늘은 아시아가 원산지이며 세계적으로 많이 사용되는 흔한 향신료다. 강한 향과 살균력, 항균 특징을 가지고 있다. 동양에서는 마늘을 요리의 마지막 단계에 넣어 향을 즐기는 편이고, 서양에서는 기름에 볶거나 물에 삶아 될 수 있는 한 강한 향을 줄인다.

01 레몬

① 길이대로 등분한다.

② 레몬의 윗 부분과 아랫 부분을 어슷하게 깍아준다(손으로 쥐어 짜기 편하다).

③ 가운데 속껍질을 잘라낸다 (레몬즙이 쉽게 나온다).

④ 씨를 제거한다(작품에 씨가 들어가지 않도록 한다).

02 파슬리

① 찬물에 담가 싱싱하게 한다.

② 잎을 모아 곱게 다진다.

③ 면포에 다진 파슬리를 올린다.

④ 면포에 감싼 채로 찬물에 2~3차례 헹궈 녹즙을 뺀다.

⑤ 파슬리를 감싼 면포를 꽉 짜낸 후 키친타월 위에 파슬리를 펼쳐 보슬보슬한 가루로 만든다.

메뉴별 파슬리 손질법	
잎 장식	쉬림프 카나페 프렌치 프라이드 쉬림프
다지기	미네스트로니 수프 프렌치어니언 수프(마늘바게트) 비프스튜 이탈리안 미트 소스 타르타르 소스 스파게티 카르보나라 토마토 해산물 스파게티

03 양파채썰기

(예) : 비프 콘소메 수프, 포테이토 크림 수프, 프렌치 어니언 수프, 브라운 그래비 소스, 피시 스톡)

① 지저분한 뿌리는 제거한다.

② 볶음 재료로 사용할 경우 속껍질을 제거한다.

③ 균일한 두께로 채 썬다.

04 양파다지기

(예) : 포테이토 샐러드, 사우전 아일랜드 드레싱, 타르타르 소스)

① 지저분한 뿌리는 제거한다.

② 칼집을 잘게 넣는다.

③ 곱게 다진다.

④ 소금물에 담가 매운맛을 없앤다.

⑤ 면포에 넣어 감싼다.

⑥ 면포를 꽉 짜 양파의 수분을 없앤다.

05 토마토(1/2량 이하 지급 시)

① 꼭지를 떼어낸다.

② 껍질을 벗긴다.

③ 씨를 제거한다.

06 토마토(1개 지급 시)

① 꼭지 반대 쪽에 열십자로 칼집을 넣는다.

② 열십자 칼집 반대쪽을 포크로 찔러 고정한다.

③ 끓는 물에 칼집 쪽을 담가 10초간 데친다.

④ 껍질이 벌어지면 손으로 완전히 벗긴다.

메뉴별 토마토 손질법	
콩카세하여 채썰거나 다지기	스페니쉬 오믈렛
	미네스트로니 수프
	비프 콘소메 수프
	이탈리안 미트 소스
	브라운 스톡
	토마토 소스
통(슬라이스)	BLT 샌드위치
	햄버거 샌드위치

07 닭고기

① 닭다리 발목에 칼집을 넣은 후 안쪽 뼈 중심에 깊숙히 칼집을 넣는다.

② 뼈 양쪽에 붙어있는 살은 칼코를 이용해 뼈에서 분리한다.

③ 다리뼈 아래로 칼을 넣어 (칼날은 밖으로 밀어내듯이) 발목 부분의 힘줄을 완전히 끊어준다.

④ 허벅지뼈에서 살이 분리되도록 손질한다.

⑤ 뼈와 살을 완전히 분리한다.

⑥ 소금을 약간 묻혀 힘줄을 잡고 뜯어낸다.

⑦ 껍질 쪽에 칼집을 넣는다 (튀길 때 덜 오그라들게 하기 위함이다).

메뉴별 닭고기 손질법	
껍질 제거 후 사용	치킨 알라킹
껍질째 사용	치킨 커틀렛

08 관자

① 관자의 내장을 떼어내고 힘
줄을 제거한다.

② 관자 표면의 얇은 막을 벗
겨낸다.

③ 소금물에 헹군 후 수분을
제거하고 슬라이스한다.

09 새우 튀김 시

① 등쪽 2번째 마디에 이쑤시
개를 넣어 내장을 빼낸다.

② 머리를 떼어낸다.

③ 꼬리 쪽 물총을 제거한다
(튀김 시 기름이 튀지 않도록
하기 위함이다).

④ 꼬리의 이물질을 긁어낸다
(꼬리쪽 이물질은 튀기면
색이 더욱 검게 된다).

⑤ 껍질을 벗긴다(꼬리 쪽 한마
디의 껍질은 남겨야 튀길 때
꼬리가 절단되지 않는다).

⑥ 배쪽에 칼집을 길게 넣는다.

⑦ 길게 칼집을 넣은 후 어슷하
게 잔칼집을 넣는다(튀길 때
오그라들지 않게 하기 위함
이다).

⑧ 칼집을 넣은 배 부분이 바닥
에 닿도록 뒤집은 후 등쪽을
가볍게 눌러준다.

10 새우 삶을 시

① 등쪽 2번째 마디에 이쑤시개를 넣어 내장을 빼낸다.

② 크루부용에 삶아 익힌다.

③ 머리를 떼어낸다.

④ 껍질을 벗긴다.

⑤ 등 쪽에 칼날을 넣어 등분한다.

11 새우 - 작업별 손질 방법

A. 해물 샐러드용은 완전히 등분한다.

B-1. 쉬림프 카나페용은 머리, 꼬리 부분이 떨어지지 않도록 등분한다.

B-2. 배쪽이 바닥에 닿고 꼬리가 위로 향하도록 한다.

01 위생복 착용

1. 위생모 착용

일반 조리장에서 통용되는, 흰색 위생모를 착용하며 구김이 가거나 때가 묻지 않아야 합니다. 앞머리와 잔머리가 위생모 밖으로 나오지 않게 실핀 등으로 고정시키고, 긴머리는 머리망을 사용하면 깔끔해 보입니다.

2. 위생복 착용

흰색 긴팔 위생복으로 구김이 가거나 때가 묻지 않아야 합니다. 단추는 풀어지지 않도록 단정하게 마무리 합니다. 소매가 길면 두 번 정도 접어서 물이나 재료가 닿지 않게 합니다. 짧은 소매와 긴 가운은 감점 사항이며, 티셔츠는 위생복에 해당하지 않으므로 실격 사항입니다. 기관명, 이름 등의 표시가 없는 것이어야 합니다.

3. 앞치마 착용

앞치마는 구김이 가거나 때가 묻지 않아야 하고, 무릎 아래까지 덮이는 길이여야 합니다. 앞치마 끈을 길게 늘어트려 재료에 스치거나 또는 느슨하게 묶어 조리 중 풀리지 않게 탄탄하고 단정히 묶어 마무리합니다.

4. 올바른 위생화 착용

• 위생화는 조리하기 편한 단화로 발등이 보이지 않고 미끄러지지 않는 재질의 것이어야 합니다.

• 굽이 있는 구두는 미끄러지기 쉬우며 조리 자세가 안정되지 못해 보입니다. 발등(맨발)이 보이는 신발은 끓는 물, 튀김기름, 날카로운 칼이 낙하 시 다칠 위험이 있으므로 올바르지 못합니다.

5. 마스크는 필히 착용합니다.

6. 기타

반지, 귀걸이, 목걸이, 시계 등의 액세서리 착용과 매니큐어, 긴 손톱 등은 조리복 착용 감점 대상이니 주의합니다.

02 조리 도구 세팅 방법

도마와 칼을 포함한 조리 도구는 다음과 같이 세팅하면 공간 확보가 용이하며 위생적이고 안정감이 있어 보입니다. 칼집은 안전 위생 부분에서 채점 대상이 되므로 감독관이 확인할 수 있도록 적당한 위치에 두고 실습합니다.

1) 조리 도구 통에 시험 메뉴에 필요한 도구를 넣으면 공간을 확보할 수 있으며, 깨끗한 행주 위에 조리도구를 올리고 조리하면 산만해 보이지 않습니다. 또한 키친타월은 미리 낱장으로 접어 놓으면 뜯어 쓰는 시간이 단축되며 깔끔해 보이고, 수분이 닿지 않도록 우유곽이나 플라스틱 케이스 등에 넣어 사용합니다.

2) 올바르지 못한 조리도구 세팅의 예

- 키친타월을 통째로 올려두고 사용하면 공간 확보가 어렵고 뜯어 쓰다가 키친타월을 떨어뜨릴 수도 있으니 미리 낱장으로 접어가는 것이 좋습니다.
- 지저분한 행주를 도마 위에 올려두면 위생 점수에서 감점사항이 되며, 칼날과 접하지 않게 하는 것이 좋습니다.

03 감점 or 실격 사항

1) 지저분한 행주를 도마 위에 올려두고 재료 재단을 하거나 불필요한 재료를 도마 위에 올려두고 재료손질 시 감점된다.

2) 재료의 재단은 균일하게 한다. 재료가 균일하지 않으면 조리 조작 미숙으로 인정되어 감점된다.

3) 끓고 있는 냄비에 주걱이나 스푼, 젓가락 등을 넣은 채 다른 작업을 할 경우 주걱 손잡이가 탈 수도 있으며, 스푼 등을 쥐었을 때 손을 데일 수도 있으므로 조리 도구 사용 미흡으로 감점된다.

4) 재료를 볶을 경우 나무주걱이나 나무젓가락을 사용해야 한다. 쇠수저를 사용하면 소음이 발생하며 재료에서 수분이 빠지고, 조리 도구 바닥에 마모가 생길 수 있기 때문에 조리 도구 사용 미흡으로 감점된다.

5) 재료 목록 이외의 것을 사용 시 실격 처리되며 채점 대상에서 제외된다.

양식 조리기능사 실기

양식메뉴 계획에 따라 식재료를 선정. 구매, 검수, 보관 및 저장하며 맛과 영양을 고려하여 안전하고 위생적으로 음식을 조리하고 조리기구와 시설 관리를 수행하는 직무이다.

▶ 동영상 무료

브라운 스톡
Brown Stock

⏱ 시험시간 30분

준비할 재료

소뼈 150g
양파 1/2개
당근 40g
셀러리 30g
검은 통후추 4개
타임 1줄기
다시백 1개(10×12cm)

토마토 1개
파슬리 1줄기
월계수 잎 1잎
정향 1개
버터 5g
식용유 50ml
면실 30cm

조리 작업 순서

❶ 재료 세척하기, 소뼈 찬물에 담그기
❷ 물 끓이기
❸ 채소, 토마토, 사세 데피스 준비하기
❹ 소뼈 데치기
❺ 소뼈, 야채 굽기
❻ 물, 사세 데피스, 토마토, 볶은 야채와 소뼈 넣어 끓이기
❼ 거품 제거하기
❽ 면포에 거르기
❾ 완성 그릇에 담기

주어진 재료를 사용하여 다음과 같이 브라운 스톡을 만드시오.

1. 스톡은 맑고 갈색이 되도록 하시오.
2. 소뼈는 찬물에 담가 핏물을 제거한 후 구워서 사용하시오.
3. 당근, 양파, 셀러리는 얇게 썬 후 볶아서 사용하시오.
4. 향신료로 사세 데피스(sachet d'epice)를 만들어 사용하시오.
5. 완성된 스톡은 200㎖ 이상 제출하시오.

- 만드는 순서에 유의하며, 위생과 숙련된 기능평가를 위하여 조리작업 시 맛을 보지 않습니다.

- 지정된 수험자 지참 준비물 이외의 조리기구나 재료를 시험장 내에 지참할 수 없습니다.

- 지급재료는 시험 전 확인하여 이상이 있을 경우 시험위원으로부터 조치를 받고 시험 중에는 재료의 교환 및 추가지급은 하지 않습니다.

- 요구사항 및 지급재료의 규격은 "정도"의 의미를 포함하며, 재료의 크기에 따라 가감하여 채점됩니다.

- 위생복, 위생모, 앞치마, 마스크를 착용하여야 하며, 시험장비 · 조리기구 취급 등 안전에 유의합니다.

- 다음 사항은 실격에 해당하여 채점 대상에서 제외됩니다.

  ㉮ 수험자 본인이 시험 도중 시험에 대한 포기 의사를 표현하는 경우

  ㉯ 위생복, 위생모, 앞치마, 마스크를 착용하지 않은 경우

  ㉰ 시험시간 내에 과제 두 가지를 제출하지 못한 경우

  ㉱ 문제의 요구사항대로 과제의 수량이 만들어지지 않은 경우

  ㉲ 완성품을 요구사항의 과제(요리)가 아닌 다른 요리(예, 달걀말이→달걀찜)로 만든 경우

  ㉳ 불을 사용하여 만든 조리 작품이 작품 특성에 벗어나는 정도로 타거나 익지 않은 경우

  ㉴ 해당과제의 지급재료 이외 재료를 사용하거나, 요구사항의 조리기구(석쇠 등)로 완성품을 조리하지 않은 경우

  ㉵ 지정된 수험자지참준비물 이외의 조리기술에 영향을 줄 수 있는 기구를 사용한 경우

  ㉶ 가스레인지 화구 2개 이상(2개 포함) 사용한 경우

  ㉷ 시험 중 시설 · 장비(칼, 가스레인지 등) 사용 시 시험위원 및 타 수험자의 시험 진행에 위해를 일으킬 것으로 시험위원 전원이 합의하여 판단한 경우

  ㉸ 요구사항에 표시된 실격 및 부정행위에 해당하는 경우

- 항목별 배점은 위생상태 및 안전관리 5점, 조리기술 30점, 작품의 평가 15점입니다.

- 시험시작 전 가벼운 몸 풀기(스트레칭) 동작으로 긴장을 풀고 시험을 시작합니다.

소뼈를 찬물에 담가 핏물을 제거한 후 끓는 물에 소뼈를 5초간 데쳐 불순물을 없앤다.

소뼈를 데친 후 뼈에 붙은 기름과 살은 제거하고 팬에 식용유를 두르고 굽는다.

양파, 당근, 셀러리는 채 썰고 토마토는 껍질과 씨를 제거하여 채 썬다. 다시백 안에 월계수 잎, 통후추, 파슬리, 정향, 다임을 넣어 면실로 묶어 사세 데피스를 만든다.

팬에 버터를 두르고 채 썬 양파, 당근, 셀러리를 굽는다.

물, 사세 데피스, 토마토, 볶은 야채와 구운 소뼈를 중불로 끓인다. 거품을 수시로 제거한다.

면포에 맑게 거른다.

기적의 Tip

- 소뼈는 찬물에 담가 핏물을 제거한 후 데친다.
- 소뼈를 데칠 때 장시간 데치면 맛이 빠지므로 불순물이 제거될 정도로만 데친다(약 5초).
- 소뼈와 야채는 충분히 구워야 스톡이 갈색이 되고, 거품을 제거하면서 은근히 끓여야 맑다.
- 스톡은 소금, 검은 후춧가루로 간을 하지 않는다.
- 완성 스톡은 200mℓ(1C)가 안되면 실격이므로 양이 모자라지 않도록 한다.

쉬림프 카나페
Shrimp Canape

준비할 재료

새우 4마리
식빵 1조각
달걀 1개
파슬리 1줄기
버터 30g
토마토 케첩 10g
소금 5g

흰 후춧가루 2g
레몬 1/8개
이쑤시개 1개
당근 15g
셀러리 15g
양파 1/8개

조리 작업 순서

① 재료 세척하기
② 파슬리 찬물에 담그기
③ 달걀 굴려 삶기
④ 새우 내장 제거하기 → 새우 삶아 식히기
⑤ 식빵 모양내기 → 식빵 굽기
⑥ 달걀 재단하기
⑦ 새우 모양내기
⑧ 파슬리 손질하기
⑨ 완성하기
   (식빵 → 버터 → 달걀 → 새우 → 토마토 케첩 → 파슬리)

주어진 재료를 사용하여 다음과 같이 쉬림프 카나페를 만드시오.

1. 새우는 내장을 제거한 후 미르포아(Mirepoix)를 넣고 삶아서 껍질을 제거하시오.
2. 달걀은 완숙으로 삶아 사용하시오.
3. 식빵은 지름 4cm의 원형으로 하고, 쉬림프 카나페는 4개 제출하시오.

수험자 유의사항

- 만드는 순서에 유의하며, 위생과 숙련된 기능평가를 위하여 조리작업 시 맛을 보지 않습니다.

- 지정된 수험자 지참 준비물 이외의 조리기구나 재료를 시험장 내에 지참할 수 없습니다.

- 지급재료는 시험 전 확인하여 이상이 있을 경우 시험위원으로부터 조치를 받고 시험 중에는 재료의 교환 및 추가지급은 하지 않습니다.

- 요구사항 및 지급재료의 규격은 "정도"의 의미를 포함하며, 재료의 크기에 따라 가감하여 채점됩니다.

- 위생복, 위생모, 앞치마, 마스크를 착용하여야 하며, 시험장비 · 조리기구 취급 등 안전에 유의합니다.

- 다음 사항은 실격에 해당하여 채점 대상에서 제외됩니다.

  ㉮ 수험자 본인이 시험 도중 시험에 대한 포기 의사를 표현하는 경우

  ㉯ 위생복, 위생모, 앞치마, 마스크를 착용하지 않은 경우

  ㉰ 시험시간 내에 과제 두 가지를 제출하지 못한 경우

  ㉱ 문제의 요구사항대로 과제의 수량이 만들어지지 않은 경우

  ㉲ 완성품을 요구사항의 과제(요리)가 아닌 다른 요리(예. 달걀말이→달걀찜)로 만든 경우

  ㉳ 불을 사용하여 만든 조리 작품이 작품 특성에 벗어나는 정도로 타거나 익지 않은 경우

  ㉴ 해당과제의 지급재료 이외 재료를 사용하거나, 요구사항의 조리기구(석쇠 등)로 완성품을 조리하지 않은 경우

  ㉵ 지정된 수험자지참준비물 이외의 조리기술에 영향을 줄 수 있는 기구를 사용한 경우

  ㉶ 가스레인지 화구 2개 이상(2개 포함) 사용한 경우

  ㉷ 시험 중 시설 · 장비(칼, 가스레인지 등) 사용 시 시험위원 및 타 수험자의 시험 진행에 위해를 일으킬 것으로 시험위원 전원이 합의하여 판단한 경우

  ㉸ 요구사항에 표시된 실격 및 부정행위에 해당하는 경우

- 항목별 배점은 위생상태 및 안전관리 5점, 조리기술 30점, 작품의 평가 15점입니다.

- 시험시작 전 가벼운 몸 풀기(스트레칭) 동작으로 긴장을 풀고 시험을 시작합니다.

1
냄비에 달걀이 잠길 정도의 물을 붓고 소금을 넣어 달걀을 굴려가며 13분 가량 삶아 찬물에 식힌다.

2
새우는 등쪽 껍질 2번째 마디에 이쑤시개를 넣어 내장을 뺀다.

3
새우 삶을 물에 채썰어 놓은 당근, 셀러리, 양파, 소금, 레몬(즙)을 넣고 끓으면 손질한 새우를 넣어 삶아 식힌다.

4
식빵은 4등분하여 지름 4cm의 원형이 되도록 다듬은 후 기름을 두르지 않은 팬에 앞, 뒤로 구워 나무젓가락 위에 올려 식힌다.

5
찬물에 식힌 달걀은 껍질을 제거하고 식빵 두께로 자른다.

6
새우가 식으면 머리와 껍질을 제거하고 등쪽에 칼집을 넣어 꼬리 쪽이 위로 오도록 한다.

7
식빵 한 면에 버터를 바르고 '달걀 → 새우 → 토마토 케첩 → 파슬리' 순서로 얹어 완성 접시에 담는다.

 기적의 Tip

- 달걀은 삶을 때 노른자가 가운데 오도록 3분 정도 굴려가며 삶다가 10분간 더 삶아 완숙으로 한다.
- 식빵은 원형으로 모양을 낸 후 구워 식힌다. 구운 후 원형으로 자르면 식빵이 납작해진다.
- 삶은 새우는 완전히 식은 후 껍질을 제거해야 새우 살이 껍질에 눌어붙지 않는다.
- 찬물에 싱싱하게 담가뒀던 파슬리는 장식으로 올리기 전 수분을 없애야 토마토 케첩 색이 빵에 흡수되지 않는다.

프렌치 프라이드 쉬림프
French Fried Shrimp

🕐 시험시간 25분

준비할 재료

새우 4마리
달걀 1개
레몬 1/6개
파슬리 1줄기
밀가루 80g
냅킨 2장

이쑤시개 1개
소금 2g
흰 후춧가루 2g
식용유 500ml
흰 설탕 2g

조리 작업 순서

① 재료 세척하기
② 새우 손질하기 : 내장 → 머리 → 껍질, 물총, 꼬리 이물질 제거
   하기 → 배쪽 칼집 넣기 → 밑간하기
③ 가니쉬 손질하기(레몬, 파슬리)
④ 달걀 흰자 거품내기
⑤ 튀김 기름 예열하기
⑥ 반죽 옷 만들기
⑦ 새우 밀가루 입히기
⑧ 새우 튀김 옷 입히기 → 튀기기 → 기름 제거하기
⑨ 완성 그릇에 담아 가니쉬로 장식하기

주어진 재료를 사용하여 다음과 같이 프렌치 프라이드 쉬림프를 만드시오.

1. 새우는 꼬리 쪽에서 1마디 정도 껍질을 남겨 구부러지지 않게 튀기시오.
2. 달걀흰자를 분리하여 거품을 내어 튀김반죽에 사용하시오.
3. 새우튀김은 4개를 제출하시오.
4. 레몬과 파슬리를 곁들이시오.

수험자 유의사항

- 만드는 순서에 유의하며, 위생과 숙련된 기능평가를 위하여 조리작업 시 맛을 보지 않습니다.

- 지정된 수험자 지참 준비물 이외의 조리기구나 재료를 시험장 내에 지참할 수 없습니다.

- 지급재료는 시험 전 확인하여 이상이 있을 경우 시험위원으로부터 조치를 받고 시험 중에는 재료의 교환 및 추가지급은 하지 않습니다.

- 요구사항 및 지급재료의 규격은 "정도"의 의미를 포함하며, 재료의 크기에 따라 가감하여 채점됩니다.

- 위생복, 위생모, 앞치마, 마스크를 착용하여야 하며, 시험장비 · 조리기구 취급 등 안전에 유의합니다.

- 다음 사항은 실격에 해당하여 채점 대상에서 제외됩니다.

  ㉮ 수험자 본인이 시험 도중 시험에 대한 포기 의사를 표현하는 경우

  ㉯ 위생복, 위생모, 앞치마, 마스크를 착용하지 않은 경우

  ㉰ 시험시간 내에 과제 두 가지를 제출하지 못한 경우

  ㉱ 문제의 요구사항대로 과제의 수량이 만들어지지 않은 경우

  ㉲ 완성품을 요구사항의 과제(요리)가 아닌 다른 요리(예, 달걀말이→달걀찜)로 만든 경우

  ㉳ 불을 사용하여 만든 조리 작품이 작품 특성에 벗어나는 정도로 타거나 익지 않은 경우

  ㉴ 해당과제의 지급재료 이외 재료를 사용하거나, 요구사항의 조리기구(석쇠 등)로 완성품을 조리하지 않은 경우

  ㉵ 지정된 수험자지참준비물 이외의 조리기술에 영향을 줄 수 있는 기구를 사용한 경우

  ㉶ 가스레인지 화구 2개 이상(2개 포함) 사용한 경우

  ㉷ 시험 중 시설 · 장비(칼, 가스레인지 등) 사용 시 시험위원 및 타 수험자의 시험 진행에 위해를 일으킬 것으로 시험위원 전원이 합의하여 판단한 경우

  ㉸ 요구사항에 표시된 실격 및 부정행위에 해당하는 경우

- 항목별 배점은 위생상태 및 안전관리 5점, 조리기술 30점, 작품의 평가 15점입니다.

- 시험시작 전 가벼운 몸 풀기(스트레칭) 동작으로 긴장을 풀고 시험을 시작합니다.

새우는 이쑤시개로 내장을 빼내고 머리를 제거한다.

꼬리 한 마디만 남기고 껍질을 벗긴다. 꼬리 부분의 물총을 떼어내고 이물질을 긁어낸다.

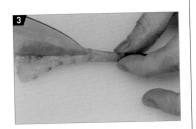

배쪽에 길게 칼집을 넣고 사선으로 잔 칼집을 넣는다. 뒤집어 위로 가볍게 눌러 오그라들지 않게 한다. 소금, 흰 후춧가루로 밑간을 한다.

달걀은 노른자, 흰자로 나눈다.

흰자는 거품기로 충분히 거품을 낸다.

튀김 기름을 예열하고 볼에 노른자 1T, 물 1T, 설탕 약간을 섞은 후 밀가루 3T, 거품 흰자 3T를 넣어 가볍게 섞는다.

밑간한 새우에 밀가루를 고르게 뿌린다.

밀가루 입힌 새우를 꼬리만 남기고 튀김옷에 담궜다가 건져 끝부분에 반죽이 흐르지 않도록 정리한다.

열이 오른 기름에 새우를 튀긴 후, 기름을 제거한다.

 기적의 Tip

• 새우의 꼬리 부분 한 마디는 껍질을 남겨야 튀길 때 꼬리가 떨어지지 않는다.
• 흰자 휘핑에 노른자, 이물질, 수분 등이 들어가면 거품이 형성되지 않으므로 깨끗한 볼에 넣어 휘핑한다.

동영상 무료

참치 타르타르
Tuna Tartar

시험시간 30분

준비할 재료

붉은색 참치살(냉동 지급) 80g
양파 1/8개
그린올리브 2개
케이퍼 5개
처빌 2줄기
올리브 오일 25㎖
레몬 1/4개
핫소스 5㎖

꽃소금 5g
흰 후춧가루 3g
차이브(실파로 대체 가능) 5줄기
롤라로사(꽃(적)상추로 대체 가능)
2잎
그린치커리 2줄기
붉은색 파프리카 1/4개
노란색 파프리카 1/8개
오이 1/10개
(길이로 반을 갈라 10등분)
파슬리 1줄기
딜 3줄기
식초 10㎖

조리 작업 순서

❶ 재료 세척하기 → 물 끓이기
❷ 참치 소금물에 담그기
❸ 차이브 한 줄기 데치기
❹ 오이 손질하기
❺ 부케용 채소 만들기 → 오이에 끼우기
❻ 비네그레트 만들기
❼ 타르타르용 채소 썰기 → 참치 썰기
❽ 타르타르 버무리기
❾ 완성 그릇에 샐러드 부케 올리기 → 참치 퀜넬 형태 담기 → 채소 비네그레트 뿌리기

주어진 재료를 사용하여 다음과 같이 참치 타르타르를 만드시오.

1. 참치는 꽃소금을 사용하여 해동하고, 3~4mm의 작은 주사위 모양으로 썰어 양파, 그린올리브, 케이퍼, 처빌 등을 이용하여 타르타르를 만드시오.
2. 채소를 이용하여 샐러드 부케를 만들어 곁들이시오.
3. 참치 타르타르는 테이블 스푼 2개를 사용하여 퀜넬(quenelle) 형태로 3개를 만드시오.
4. 채소 비네그레트는 양파, 붉은색과 노란색의 파프리카, 오이를 가로·세로 2mm의 작은 주사위 모양으로 썰어서 사용하고 파슬리와 딜은 다져서 사용하시오.

• 만드는 순서에 유의하며, 위생과 숙련된 기능평가를 위하여 조리작업 시 맛을 보지 않습니다.

• 지정된 수험자 지참 준비물 이외의 조리기구나 재료를 시험장 내에 지참할 수 없습니다.

• 지급재료는 시험 전 확인하여 이상이 있을 경우 시험위원으로부터 조치를 받고 시험 중에는 재료의 교환 및 추가지급은 하지 않습니다.

• 요구사항 및 지급재료의 규격은 "정도"의 의미를 포함하며, 재료의 크기에 따라 가감하여 채점됩니다.

• 위생복, 위생모, 앞치마, 마스크를 착용하여야 하며, 시험장비·조리기구 취급 등 안전에 유의합니다.

• 다음 사항은 실격에 해당하여 채점 대상에서 제외됩니다.

  ㉮ 수험자 본인이 시험 도중 시험에 대한 포기 의사를 표현하는 경우

  ㉯ 위생복, 위생모, 앞치마, 마스크를 착용하지 않은 경우

  ㉰ 시험시간 내에 과제 두 가지를 제출하지 못한 경우

  ㉱ 문제의 요구사항대로 과제의 수량이 만들어지지 않은 경우

  ㉲ 완성품을 요구사항의 과제(요리)가 아닌 다른 요리(예, 달걀말이→달걀찜)로 만든 경우

  ㉳ 불을 사용하여 만든 조리 작품이 작품 특성에 벗어나는 정도로 타거나 익지 않은 경우

  ㉴ 해당과제의 지급재료 이외 재료를 사용하거나, 요구사항의 조리기구(석쇠 등)로 완성품을 조리하지 않은 경우

  ㉵ 지정된 수험자지참준비물 이외의 조리기술에 영향을 줄 수 있는 기구를 사용한 경우

  ㉶ 가스레인지 화구 2개 이상(2개 포함) 사용한 경우

  ㉷ 시험 중 시설·장비(칼, 가스레인지 등) 사용 시 시험위원 및 타 수험자의 시험 진행에 위해를 일으킬 것으로 시험위원 전원이 합의하여 판단한 경우

  ㉸ 요구사항에 표시된 실격 및 부정행위에 해당하는 경우

• 항목별 배점은 위생상태 및 안전관리 5점, 조리기술 30점, 작품의 평가 15점입니다.

• 시험시작 전 가벼운 몸 풀기(스트레칭) 동작으로 긴장을 풀고 시험을 시작합니다.

냉동 참치는 연한 소금물에 담가 해동한다. 해동되어 지급된 경우 소금물에 담갔다가 바로 젖은 면포에 감싸둔다. 끓는 물에 차이브 한 줄기를 데쳐 식힌다. 붉은색 파프리카의 일부를 길고 가늘게 채 썬다. 롤라로사, 치커리의 억센 줄기를 제거한다. 오이는 3cm로 잘라 가운데 구멍을 낸다. 준비한 야채를 데친 차이브로 묶어 오이 구멍에 꽂아 고정시킨다.

채소 비네그레트 만들기
양파, 붉은색/노란색 파프리카, 오이, 파슬리, 딜을 다져 볼에 넣고 올리브 오일, 식초, 소금과 고르게 섞는다.

참치 타르타르 만들기
참치는 수분을 제거하고 작은 주사위 모양으로 자른다. 양파, 그린올리브, 케이퍼, 처빌을 다져 참치, 레몬즙, 올리브 오일, 핫소스, 소금, 흰 후추가루를 넣고 섞는다. 스푼 2개를 맞대어 퀘넬 형태로 모양을 잡는다.

완성 그릇에 샐러드 부케를 담고 퀘넬 형태의 참치 타르타르를 3개 올린다.

비네그레트를 참치 타르타르에 뿌려낸다.

기적의 Tip

• 채소를 잘 등분하여 샐러드, 채소 비네그레트, 참치 타르타르에 적절히 사용하여야 한다.
• 참치는 소금물에 신선하게 해동해야 한다. 지나치게 해동하면 썰 때 모양이 좋지 않으므로 살짝 얼었을 때 썰어 준다.

동영상 무료

BLT 샌드위치
Bacon, Lettuce, Tomato Sandwich

시험시간 30분

준비할 재료

식빵 3조각
양상추 20g
토마토 1/2개
베이컨 2조각
마요네즈 30g
소금 3g
검은 후춧가루 1g

조리 작업 순서

1 재료 세척하기
2 식빵 토스트하기
3 토마토 썰어 소금, 검은 후춧가루 뿌리기
4 베이컨 구워 기름빼기
5 양상추 뜯기
6 쌓아 올리기
7 가장자리 제거하고 등분하기

주어진 재료를 사용하여 다음과 같이 BLT 샌드위치를 만드시오.

1. 빵은 구워서 사용하시오.
2. 토마토는 0.5cm의 두께로 썰고, 베이컨은 구워서 사용하시오.
3. 완성품은 4조각으로 썰어 전량을 제출하시오.

수험자 유의사항

- 만드는 순서에 유의하며, 위생과 숙련된 기능평가를 위하여 조리작업 시 맛을 보지 않습니다.

- 지정된 수험자 지참 준비물 이외의 조리기구나 재료를 시험장 내에 지참할 수 없습니다.

- 지급재료는 시험 전 확인하여 이상이 있을 경우 시험위원으로부터 조치를 받고 시험 중에는 재료의 교환 및 추가지급은 하지 않습니다.

- 요구사항 및 지급재료의 규격은 "정도"의 의미를 포함하며, 재료의 크기에 따라 가감하여 채점됩니다.

- 위생복, 위생모, 앞치마, 마스크를 착용하여야 하며, 시험장비·조리기구 취급 등 안전에 유의합니다.

- 다음 사항은 실격에 해당하여 채점 대상에서 제외됩니다.

  ㉮ 수험자 본인이 시험 도중 시험에 대한 포기 의사를 표현하는 경우

  ㉯ 위생복, 위생모, 앞치마, 마스크를 착용하지 않은 경우

  ㉰ 시험시간 내에 과제 두 가지를 제출하지 못한 경우

  ㉱ 문제의 요구사항대로 과제의 수량이 만들어지지 않은 경우

  ㉲ 완성품을 요구사항의 과제(요리)가 아닌 다른 요리(예, 달걀말이→달걀찜)로 만든 경우

  ㉳ 불을 사용하여 만든 조리 작품이 작품 특성에 벗어나는 정도로 타거나 익지 않은 경우

  ㉴ 해당과제의 지급재료 이외 재료를 사용하거나, 요구사항의 조리기구(석쇠 등)로 완성품을 조리하지 않은 경우

  ㉵ 지정된 수험자지참준비물 이외의 조리기술에 영향을 줄 수 있는 기구를 사용한 경우

  ㉶ 가스레인지 화구 2개 이상(2개 포함) 사용한 경우

  ㉷ 시험 중 시설·장비(칼, 가스레인지 등) 사용 시 시험위원 및 타 수험자의 시험 진행에 위해를 일으킬 것으로 시험위원 전원이 합의하여 판단한 경우

  ㉸ 요구사항에 표시된 실격 및 부정행위에 해당하는 경우

- 항목별 배점은 위생상태 및 안전관리 5점, 조리기술 30점, 작품의 평가 15점입니다.

- 시험시작 전 가벼운 몸 풀기(스트레칭) 동작으로 긴장을 풀고 시험을 시작합니다.

1 식빵은 약불로 달군 팬에 앞·뒤로 타지 않게 굽는다.

2 토마토는 원형을 살려 0.5cm 두께로 썬 후 소금, 검은 후춧가루를 뿌린다.

3 베이컨은 팬에 구워 키친타월 위에서 기름을 제거한 후 빵 길이로 썬다.

4 식빵에 마요네즈를 고르게 펴 바른다.

5 준비한 재료를 조화롭고 안정되게 쌓아 올린다(식빵 → 양상추 → 베이컨 → 식빵 → 양상추 → 토마토 → 식빵).

6 식빵 가장자리를 잘라내고 4등분한 후 완성 그릇에 담는다.

 기적의 Tip

- BLT 샌드위치를 베이컨, 레터스, 토마토 샌드위치라고 한다.
- 식빵은 약불에 타지 않게 구운 후 공기가 통하게 식혀야 수분이 생기지 않는다.
- 베이컨은 지나치게 구우면 식으면서 뻣뻣해진다.
- 식빵은 샌드한 후 가장자리를 잘라야 단면이 깔끔하다.
- 식빵의 가장자리를 자른 후 샌드하면 속재료가 빠져나와 단면이 지저분할 수 있다.
- 지급 재료가 아닌 것을 사용하면 실격이므로 반드시 지급 재료를 확인한다.

예 지급 재료가 아닌 파슬리 잎을 올리면 실격

동영상 무료

햄버거 샌드위치
Hamburger Sandwich

시험시간 30분

준비할 재료

소고기 100g
양파 1개
빵가루 30g
셀러리 30g
소금 3g
검은 후춧가루 1g

양상추 20g
토마토 1/2개
버터 15g
햄버거빵 1개
식용유 20㎖
달걀 1개

조리 작업 순서

① 재료 세척하기
② 빵에 버터 바르기 → 빵 토스트하기
③ 토마토 썰어 소금, 검은 후춧가루 뿌리기
④ 양파링 썰기 → 양파 굽기
⑤ 양파, 셀러리 다지기 → 양파, 셀러리 볶기
⑥ 고기 반죽하여 빚기 → 고기 굽기
⑦ 양상추 뜯기
⑧ 쌓아 올리기
⑨ 햄버거를 반으로 자르기

주어진 재료를 사용하여 다음과 같이 햄버거 샌드위치를 만드시오.

1. 빵은 버터를 발라 구워서 사용하시오.

2. 고기에 사용되는 양파, 셀러리는 다진 후 볶아서 사용하시오.

3. 고기는 미디움웰던(medium wellden)으로 굽고, 구워진 고기의 두께는 1cm 정도로 하시오.

4. 토마토, 양파는 0.5cm의 두께로 썰고 양상추는 빵 크기에 맞추시오.

5. 샌드위치는 반으로 잘라 내시오.

• 만드는 순서에 유의하며, 위생과 숙련된 기능평가를 위하여 조리작업 시 맛을 보지 않습니다.

• 지정된 수험자 지참 준비물 이외의 조리기구나 재료를 시험장 내에 지참할 수 없습니다.

• 지급재료는 시험 전 확인하여 이상이 있을 경우 시험위원으로부터 조치를 받고 시험 중에는 재료의 교환 및 추가지
급은 하지 않습니다.

• 요구사항 및 지급재료의 규격은 "정도"의 의미를 포함하며, 재료의 크기에 따라 가감하여 채점됩니다.

• 위생복, 위생모, 앞치마, 마스크를 착용하여야 하며, 시험장비 · 조리기구 취급 등 안전에 유의합니다.

• 다음 사항은 실격에 해당하여 채점 대상에서 제외됩니다.

  ㉮ 수험자 본인이 시험 도중 시험에 대한 포기 의사를 표현하는 경우

  ㉯ 위생복, 위생모, 앞치마, 마스크를 착용하지 않은 경우

  ㉰ 시험시간 내에 과제 두 가지를 제출하지 못한 경우

  ㉱ 문제의 요구사항대로 과제의 수량이 만들어지지 않은 경우

  ㉲ 완성품을 요구사항의 과제(요리)가 아닌 다른 요리(예, 달걀말이→달걀찜)로 만든 경우

  ㉳ 불을 사용하여 만든 조리 작품이 작품 특성에 벗어나는 정도로 타거나 익지 않은 경우

  ㉴ 해당과제의 지급재료 이외 재료를 사용하거나, 요구사항의 조리기구(석쇠 등)로 완성품을 조리하지 않은 경우

  ㉵ 지정된 수험자지참준비물 이외의 조리기술에 영향을 줄 수 있는 기구를 사용한 경우

  ㉶ 가스레인지 화구 2개 이상(2개 포함) 사용한 경우

  ㉷ 시험 중 시설 · 장비(칼, 가스레인지 등) 사용 시 시험위원 및 타 수험자의 시험 진행에 위해를 일으킬 것으로 시험
    위원 전원이 합의하여 판단한 경우

  ㉮ 요구사항에 표시된 실격 및 부정행위에 해당하는 경우

• 항목별 배점은 위생상태 및 안전관리 5점, 조리기술 30점, 작품의 평가 15점입니다.

• 시험시작 전 가벼운 몸 풀기(스트레칭) 동작으로 긴장을 풀고 시험을 시작합니다.

햄버거빵은 반으로 갈라 버터를 고르게 펴바르고 팬에 갈색이 나게 구워 식힌다.

양파와 토마토는 0.5cm로 슬라이스 하여 팬에 굽고, 토마토는 소금, 검은 후춧가루를 약간 뿌려 둔다.

슬라이스하고 남긴 양파는 곱게 다지고, 셀러리는 섬유질을 제거하여 다진 후 팬에 볶아 식힌다.

살코기는 키친타월로 핏물을 제거하고 곱게 다져 볶은 양파, 볶은 셀러리, 소금, 검은 후춧가루, 달걀 1T, 빵가루 2T를 넣어 고루 섞어 충분히 치대어 모양낸다.

팬에 식용유를 두르고 성형한 고기를 겉은 타지 않고 속은 반드시 익도록 굽는다.

준비한 재료를 조화 있고 안정되게 쌓아 올린다(햄버거빵 → 양상추 → 양파 → 구운 고기 → 토마토 → 햄버거빵).

반을 갈라 속재료가 보일 수 있도록 완성 접시에 담아 제출한다.

기적의 Tip

- 덩어리 고기로 지급이 되며, 핏물을 제거하고 곱게 다진다.
- 고기는 익으면 두께가 두꺼워지고 너비는 줄어들므로 지름은 햄버거빵보다 약간 크게, 두께는 0.8cm 정도로 빚는다.
- 겉은 타지 않게 갈색이 나와야 하며 속은 반드시 익을 수 있도록 중불로 은근히 굽는다(감독관은 고기가 익었는지부터 확인하므로 필히 익혀야 한다).
- 햄버거 샌드위치는 빵에 버터를 바르고 팬에 굽는다. BLT 샌드위치는 빵을 팬에 구운 후 마요네즈를 바른다.
- 이쑤시개 등으로 고정하여 자를 경우 제출 전에 이쑤시개를 제거한다.

월도프 샐러드
Waldorf Salad

준비할 재료

사과 1개
셀러리 30g
호두 2개
레몬 1/4개
양상추 20g

마요네즈 60g
소금 2g
흰 후춧가루 1g
이쑤시개 1개

조리 작업 순서

❶ 재료 세척하기
❷ 호두 불릴 물 끓이기
❸ 양상추 찬물에 담그기 → 호두 불리기
❹ 셀러리 썰기 → 호두 속껍질 벗기고 썰기 → 사과 썰기
❺ 사과, 셀러리, 호두 물기 제거하기
❻ 사과, 셀러리, 호두를 마요네즈, 레몬즙, 소금, 흰 후춧가루에
   버무리기
❼ 양상추 뜯기
❽ 완성 그릇에 양상추 깔고 버무린 샐러드를 담은 후
   다진 호두 올리기

주어진 재료를 사용하여 다음과 같이 월도프 샐러드를 만드시오.

1. 사과, 셀러리, 호두알을 1cm의 크기로 써시오.
2. 사과의 껍질을 벗겨 변색되지 않게 하고, 호두알의 속껍질을 벗겨 사용하시오.
3. 상추 위에 월도프 샐러드를 담아내시오.

수험자 유의사항

• 만드는 순서에 유의하며, 위생과 숙련된 기능평가를 위하여 조리작업 시 맛을 보지 않습니다.

• 지정된 수험자 지참 준비물 이외의 조리기구나 재료를 시험장 내에 지참할 수 없습니다.

• 지급재료는 시험 전 확인하여 이상이 있을 경우 시험위원으로부터 조치를 받고 시험 중에는 재료의 교환 및 추가지급은 하지 않습니다.

• 요구사항 및 지급재료의 규격은 "정도"의 의미를 포함하며, 재료의 크기에 따라 가감하여 채점됩니다.

• 위생복, 위생모, 앞치마, 마스크를 착용하여야 하며, 시험장비 · 조리기구 취급 등 안전에 유의합니다.

• 다음 사항은 실격에 해당하여 채점 대상에서 제외됩니다.

  ㉮ 수험자 본인이 시험 도중 시험에 대한 포기 의사를 표현하는 경우

  ㉯ 위생복, 위생모, 앞치마, 마스크를 착용하지 않은 경우

  ㉰ 시험시간 내에 과제 두 가지를 제출하지 못한 경우

  ㉱ 문제의 요구사항대로 과제의 수량이 만들어지지 않은 경우

  ㉲ 완성품을 요구사항의 과제(요리)가 아닌 다른 요리(예, 달걀말이→달걀찜)로 만든 경우

  ㉳ 불을 사용하여 만든 조리 작품이 작품 특성에 벗어나는 정도로 타거나 익지 않은 경우

  ㉴ 해당과제의 지급재료 이외 재료를 사용하거나, 요구사항의 조리기구(석쇠 등)로 완성품을 조리하지 않은 경우

  ㉵ 지정된 수험자지참준비물 이외의 조리기술에 영향을 줄 수 있는 기구를 사용한 경우

  ㉶ 가스레인지 화구 2개 이상(2개 포함) 사용한 경우

  ㉷ 시험 중 시설 · 장비(칼, 가스레인지 등) 사용 시 시험위원 및 타 수험자의 시험 진행에 위해를 일으킬 것으로 시험위원 전원이 합의하여 판단한 경우

  ㉸ 요구사항에 표시된 실격 및 부정행위에 해당하는 경우

• 항목별 배점은 위생상태 및 안전관리 5점, 조리기술 30점, 작품의 평가 15점입니다.

• 시험시작 전 가벼운 몸 풀기(스트레칭) 동작으로 긴장을 풀고 시험을 시작합니다.

호두는 뜨거운 물에 불리고 셀러리는 섬유질을 제거하여 1cm 크기로 균일하게 자른다.

불린 호두는 이쑤시개를 이용해 속 껍질을 벗긴 후 2/3는 1cm 크기로 썰고 1/3은 다진다.

사과는 껍질을 벗겨 사방 1cm 크기로 썰어 레몬즙을 탄 물에 담갔다가 물기를 완전히 제거한다.

호두, 셀러리, 사과에 마요네즈, 레몬즙, 소금, 흰 후춧가루를 넣고 사과에 마요네즈가 흘러 내리지 않게 버무린다.

양상추는 물기를 없애고 알맞은 크기로 뜯어 준비한 후 완성 그릇에 깔고 그 위에 샐러드의 재료가 고루 보일 수 있도록 담은 후 다진 호두를 올린다.

 기적의 Tip

- 사과는 껍질째 썰지 않도록 주의한다.
- 사과는 레몬물에 담가 갈변이 일어나지 않게 한다.
- 사과, 셀러리, 호두는 수분이 있으면 마요네즈가 흘러내리므로 주의한다.
- 버무릴 때 쇠수저를 사용하면 사과에서 수분이 나오거나 갈변이 된다. 나무주걱이나 나무젓가락을 사용하여 사과가 부서지지 않게 버무린다.

동영상 무료

포테이토 샐러드
Potato Salad

준비할 재료

감자 1개
마요네즈 50g
흰 후춧가루 1g
양파 1/6개
소금 5g
파슬리 1줄기

조리 작업 순서

① 재료 세척하기
② 감자 삶을 물 끓이기
③ 감자 썰어 전분 제거하기
④ 끓는 물에 소금을 넣고 감자 삶기
⑤ 양파 다져 소금물에 담그기
⑥ 파슬리 다져 녹즙 제거하기
⑦ 삶은 감자 건져 식히기
⑧ 식힌 감자, 양파, 파슬리, 마요네즈, 소금, 흰 후춧가루를 넣어 버무리기
⑨ 완성 그릇에 담아 파슬리 가루 뿌리기

주어진 재료를 사용하여 다음과 같이 포테이토 샐러드를 만드시오.

1. 감자는 껍질을 벗긴 후 1cm의 정육면체로 썰어서 삶으시오.
2. 양파는 곱게 다져 매운맛을 제거하시오.
3. 파슬리는 다져서 사용하시오.

- 만드는 순서에 유의하며, 위생과 숙련된 기능평가를 위하여 조리작업 시 맛을 보지 않습니다.

- 지정된 수험자 지참 준비물 이외의 조리기구나 재료를 시험장 내에 지참할 수 없습니다.

- 지급재료는 시험 전 확인하여 이상이 있을 경우 시험위원으로부터 조치를 받고 시험 중에는 재료의 교환 및 추가지급은 하지 않습니다.

- 요구사항 및 지급재료의 규격은 "정도"의 의미를 포함하며, 재료의 크기에 따라 가감하여 채점됩니다.

- 위생복, 위생모, 앞치마, 마스크를 착용하여야 하며, 시험장비·조리기구 취급 등 안전에 유의합니다.

- 다음 사항은 실격에 해당하여 채점 대상에서 제외됩니다.

  ㉮ 수험자 본인이 시험 도중 시험에 대한 포기 의사를 표현하는 경우

  ㉯ 위생복, 위생모, 앞치마, 마스크를 착용하지 않은 경우

  ㉰ 시험시간 내에 과제 두 가지를 제출하지 못한 경우

  ㉱ 문제의 요구사항대로 과제의 수량이 만들어지지 않은 경우

  ㉲ 완성품을 요구사항의 과제(요리)가 아닌 다른 요리(예, 달걀말이→달걀찜)로 만든 경우

  ㉳ 불을 사용하여 만든 조리 작품이 작품 특성에 벗어나는 정도로 타거나 익지 않은 경우

  ㉴ 해당과제의 지급재료 이외 재료를 사용하거나, 요구사항의 조리기구(석쇠 등)로 완성품을 조리하지 않은 경우

  ㉵ 지정된 수험자지참준비물 이외의 조리기술에 영향을 줄 수 있는 기구를 사용한 경우

  ㉶ 가스레인지 화구 2개 이상(2개 포함) 사용한 경우

  ㉷ 시험 중 시설·장비(칼, 가스레인지 등) 사용 시 시험위원 및 타 수험자의 시험 진행에 위해를 일으킬 것으로 시험위원 전원이 합의하여 판단한 경우

  ㉸ 요구사항에 표시된 실격 및 부정행위에 해당하는 경우

- 항목별 배점은 위생상태 및 안전관리 5점, 조리기술 30점, 작품의 평가 15점입니다.

- 시험시작 전 가벼운 몸 풀기(스트레칭) 동작으로 긴장을 풀고 시험을 시작합니다.

1

감자는 껍질과 싹이 난 부분을 제거하고 1cm 정도의 정육면체로 균일하게 썰어 찬물에 담가 전분을 제거한다.

2

끓는 소금물에 썬 감자를 넣어 삶는다.

3

양파는 곱게 다져 소금물에 담가 매운맛을 제거한다.

4

파슬리는 잎만 곱게 다져 면포 안에 넣고 찬물에 헹군 후 물기를 짜 보슬하게 준비한다.

5

삶은 감자는 체에 그대로 식히고, 절인 양파는 면포에 꽉 짠다. 감자가 식으면 절인 양파, 마요네즈, 소금, 흰 후춧가루, 파슬리 일부를 넣어 양파와 파슬리가 뭉치지 않게 버무린다.

6

완성 그릇에 버무린 샐러드를 소복이 담고 남은 파슬리 가루를 뿌려 완성한다.

 기적의 Tip

- 감자는 소금물에 알맞게 익혀야 하는데 속이 덜 익거나 반대로 너무 삶아 감자가 부서지지 않게 한다(이쑤시개로 찔러 익었는지 판단하여도 좋다).
- 삶은 감자는 찬물에 헹구면 마요네즈가 겉도므로 체에 올려 그대로 식힌다.
- 파슬리, 양파는 뭉치지 않게 버무려야 한다.

사우전 아일랜드 드레싱
Thousand Island Dressing

시험시간 20분

양파 1/6개
청피망 1/4개
오이 피클 1/2개
레몬 1/4개
달걀 1개

마요네즈 70g
토마토 케첩 20g
식초 10㎖
소금 2g
흰 후춧가루 1g

조리 작업 순서

① 재료 세척하기
② 달걀 삶기
③ 양파 다져서 소금에 절이기
④ 청피망, 피클 다지기
⑤ 달걀 다지기
⑥ 양파 면포로 꽉 짜기
⑦ 드레싱 버무리기

주어진 재료를 사용하여 다음과 같이 사우전 아일랜드 드레싱을 만드시오.

1. 드레싱은 핑크빛이 되도록 하시오.
2. 다지는 재료는 0.2cm의 크기로 하시오.
3. 드레싱은 농도를 잘 맞추어 100㎖ 이상 제출하시오.

수험자 유의사항

- 만드는 순서에 유의하며, 위생과 숙련된 기능평가를 위하여 조리작업 시 맛을 보지 않습니다.

- 지정된 수험자 지참 준비물 이외의 조리기구나 재료를 시험장 내에 지참할 수 없습니다.

- 지급재료는 시험 전 확인하여 이상이 있을 경우 시험위원으로부터 조치를 받고 시험 중에는 재료의 교환 및 추가지급은 하지 않습니다.

- 요구사항 및 지급재료의 규격은 "정도"의 의미를 포함하며, 재료의 크기에 따라 가감하여 채점됩니다.

- 위생복, 위생모, 앞치마, 마스크를 착용하여야 하며, 시험장비 · 조리기구 취급 등 안전에 유의합니다.

- 다음 사항은 실격에 해당하여 채점 대상에서 제외됩니다.

  ㉮ 수험자 본인이 시험 도중 시험에 대한 포기 의사를 표현하는 경우

  ㉯ 위생복, 위생모, 앞치마, 마스크를 착용하지 않은 경우

  ㉰ 시험시간 내에 과제 두 가지를 제출하지 못한 경우

  ㉱ 문제의 요구사항대로 과제의 수량이 만들어지지 않은 경우

  ㉲ 완성품을 요구사항의 과제(요리)가 아닌 다른 요리(예, 달걀말이→달걀찜)로 만든 경우

  ㉳ 불을 사용하여 만든 조리 작품이 작품 특성에 벗어나는 정도로 타거나 익지 않은 경우

  ㉴ 해당과제의 지급재료 이외 재료를 사용하거나, 요구사항의 조리기구(석쇠 등)로 완성품을 조리하지 않은 경우

  ㉵ 지정된 수험자지참준비물 이외의 조리기술에 영향을 줄 수 있는 기구를 사용한 경우

  ㉶ 가스레인지 화구 2개 이상(2개 포함) 사용한 경우

  ㉷ 시험 중 시설 · 장비(칼, 가스레인지 등) 사용 시 시험위원 및 타 수험자의 시험 진행에 위해를 일으킬 것으로 시험위원 전원이 합의하여 판단한 경우

  ㉸ 요구사항에 표시된 실격 및 부정행위에 해당하는 경우

- 항목별 배점은 위생상태 및 안전관리 5점, 조리기술 30점, 작품의 평가 15점입니다.

- 시험시작 전 가벼운 몸 풀기(스트레칭) 동작으로 긴장을 풀고 시험을 시작합니다.

냄비에 물을 넉넉히 넣고 소금, 식초를 넣어 달걀을 13분 정도 삶는다.

양파는 곱게 다져 소금에 절인다. 청피망, 피클은 곱게 다진다. 삶은 달걀은 찬물에 식혀 껍질을 제거한 후 노른자와 흰자로 분리하여 곱게 다지거나 체에 내린다. 절인 양파, 다진 청피망, 피클은 면포에 감싸 꽉 짠다.

다진 재료에 마요네즈, 토마토 케첩을 3:1 비율로 넣는다.

레몬즙은 레몬씨가 들어가지 않게 체를 받쳐 넣는다. 식초, 소금, 흰 후춧가루를 넣고 버무린다.

 기적의 Tip

• 다진 채소는 수분을 잘 제거해야 완성 후 수분이 겉돌지 않는다.
• 마요네즈와 토마토 케첩은 3:1 비율로 섞어 연한 핑크색이 되도록 한다.
• 지급 재료가 아닌 것을 사용하면 실격이므로 반드시 지급 재료를 확인한다.

예 지급 재료가 아닌 파슬리 가루를 사용하면 실격

▶ 동영상 무료

해산물 샐러드
Seafood Salad

⏱ 시험시간 **30분**

준비할 재료

새우 3마리
관자살 1개
피홍합 3개
중합(모시조개, 백합) 3개
양파 1/4개
마늘 1쪽
실파 20g
그린치커리 2줄기

양상추 10g
롤라로사(꽃(적)상추로 대체 가능) 2잎
올리브 오일 20㎖
레몬 1/4개
식초 10㎖
딜 2줄기
월계수 잎 1잎
셀러리 10g
흰 통후추 3개
소금 5g
흰 후춧가루 5g
당근 15g

조리 작업 순서

① 재료 세척하기
② 야채 찬물에 담그기
③ 쿠르부용 끓이기
④ 해산물 손질하기(새우, 피홍합, 중합, 관자)
⑤ 해산물 쿠르부용에 익히기
⑥ 익힌 해산물 손질하기
⑦ 레몬 비네그레트 만들기
⑧ 야채 수분 제거하기
⑨ 완성 그릇에 담기
⑩ 레몬 비네그레트 뿌리기

주어진 재료를 사용하여 다음과 같이 해산물 샐러드를 만드시오.

1. 미르포아(mirepoix), 향신료, 레몬을 이용하여 쿠르부용(court bouillon)을 만드시오.
2. 해산물은 손질하여 쿠르부용(court bouillon)에 데쳐 사용하시오.
3. 샐러드 채소는 깨끗이 손질하여 싱싱하게 하시오.
4. 레몬 비네그레트는 양파, 레몬즙, 올리브 오일 등을 사용하여 만드시오.

- 만드는 순서에 유의하며, 위생과 숙련된 기능평가를 위하여 조리작업 시 맛을 보지 않습니다.

- 지정된 수험자 지참 준비물 이외의 조리기구나 재료를 시험장 내에 지참할 수 없습니다.

- 지급재료는 시험 전 확인하여 이상이 있을 경우 시험위원으로부터 조치를 받고 시험 중에는 재료의 교환 및 추가지급은 하지 않습니다.

- 요구사항 및 지급재료의 규격은 "정도"의 의미를 포함하며, 재료의 크기에 따라 가감하여 채점됩니다.

- 위생복, 위생모, 앞치마, 마스크를 착용하여야 하며, 시험장비 · 조리기구 취급 등 안전에 유의합니다.

- 다음 사항은 실격에 해당하여 채점 대상에서 제외됩니다.

    ㉮ 수험자 본인이 시험 도중 시험에 대한 포기 의사를 표현하는 경우

    ㉯ 위생복, 위생모, 앞치마, 마스크를 착용하지 않은 경우

    ㉰ 시험시간 내에 과제 두 가지를 제출하지 못한 경우

    ㉱ 문제의 요구사항대로 과제의 수량이 만들어지지 않은 경우

    ㉲ 완성품을 요구사항의 과제(요리)가 아닌 다른 요리(예, 달걀말이→달걀찜)로 만든 경우

    ㉳ 불을 사용하여 만든 조리 작품이 작품 특성에 벗어나는 정도로 타거나 익지 않은 경우

    ㉴ 해당과제의 지급재료 이외 재료를 사용하거나, 요구사항의 조리기구(석쇠 등)로 완성품을 조리하지 않은 경우

    ㉵ 지정된 수험자지참준비물 이외의 조리기술에 영향을 줄 수 있는 기구를 사용한 경우

    ㉶ 가스레인지 화구 2개 이상(2개 포함) 사용한 경우

    ㉷ 시험 중 시설 · 장비(칼, 가스레인지 등) 사용 시 시험위원 및 타 수험자의 시험 진행에 위해를 일으킬 것으로 시험위원 전원이 합의하여 판단한 경우

    ㉮ 요구사항에 표시된 실격 및 부정행위에 해당하는 경우

- 항목별 배점은 위생상태 및 안전관리 5점, 조리기술 30점, 작품의 평가 15점입니다.

- 시험시작 전 가벼운 몸 풀기(스트레칭) 동작으로 긴장을 풀고 시험을 시작합니다.

해산물(새우, 피홍합, 중합, 관자)은 소금물에 흔들어 씻는다. 새우는 내장을 제거하고, 피홍합은 지저분한 수초를 제거한다. 관자는 얇은 막을 벗겨 슬라이스한다.

양파, 당근, 셀러리, 마늘, 월계수 잎, 통후추, 레몬을 넣고 물을 끓여 쿠르부용을 만든 후 해산물을 넣어 익힌다.

해산물이 식으면 새우는 머리, 껍질, 꼬리를 제거하여 2등분하고 피홍합, 중합은 살이 붙어있는 껍질만 남기고 나머지 껍질은 떼어낸다.

야채는 찬물에 담가 싱싱하게 한 후 건져 수분을 말끔히 없앤다. 손으로 알맞게 뜯어 준비한다.

레몬 비네그레트를 만든다.

완성 그릇에 준비한 야채, 해산물을 보기 좋게 담고 레몬 비네그레트를 고르게 뿌린다.

 기적의 Tip

- 크루부용을 먼저 끓인 후 해산물을 익힌다.
- 해산물이 주재료이므로 손질 방법을 정확히 익혀야 한다.
- 중합은 모시조개, 백합 등으로 대체될 수 있다.

시저 샐러드
Caesar Salad

시험시간 35분

준비할 재료

달걀 2개
디존 머스타드 10g
레몬 1개
로메인 상추 50g
마늘 1쪽
베이컨(길이 25~30cm)
1조각
앤초비 3개

올리브 오일 20㎖
카놀라 오일 300㎖
식빵 1개
검은 후춧가루 5g
파미지아노 레기아노 20g
화이트 와인 식초 20㎖
소금 10g

조리 작업 순서

① 재료 세척
② 로메인 상추 재단, 찬물
③ 마늘 다짐
④ 식빵 썰기, 양념 볶음
⑤ 베이컨 썰기 볶음, 기름 제거
⑥ 엔초비 다짐
⑦ 파미지아노 레기아노 갈기
⑧ 레몬즙 만들기
⑨ 마요네즈 완성
⑩ 시저 드레싱 완성
⑪ 로메인 상추 드레싱에 버무려 담기
⑫ 베이컨, 크루톤, 파마지아노 레기아노, 검은 후춧가루 뿌림

주어진 재료를 사용하여 다음과 같이 시저 샐러드를 만드시오.

1. 마요네즈(100g 이상), 시저 드레싱(100g 이상), 시저 샐러드(전량)를 만들어 3가지를 각각 별도의 그릇에 담아 제출하시오.
2. 마요네즈(mayonnaise)는 달걀 노른자, 카놀라 오일, 레몬즙, 디존 머스터드, 화이트 와인 식초를 사용하여 만드시오.
3. 시저 드레싱(caesar dressing)은 마요네즈, 마늘, 앤초비, 검은 후춧가루, 파미지아노 레기아노, 올리브 오일, 디존 머스터드, 레몬즙을 사용하여 만드시오.
4. 파미지아노 레기아노는 강판이나 채칼을 사용하시오.
5. 시저 샐러드(caesar salad)는 로메인 상추, 곁들임(크루톤(1cm×1cm), 구운 베이컨(폭 0.5cm), 파미지아노 레기아노), 시저 드레싱을 사용하여 만드시오.

- 만드는 순서에 유의하며, 위생과 숙련된 기능평가를 위하여 조리작업 시 맛을 보지 않습니다.

- 지정된 수험자 지참 준비물 이외의 조리기구나 재료를 시험장 내에 지참할 수 없습니다.

- 지급재료는 시험 전 확인하여 이상이 있을 경우 시험위원으로부터 조치를 받고 시험 중에는 재료의 교환 및 추가지급은 하지 않습니다.

- 요구사항 및 지급재료의 규격은 "정도"의 의미를 포함하며, 재료의 크기에 따라 가감하여 채점됩니다.

- 위생복, 위생모, 앞치마, 마스크를 착용하여야 하며, 시험장비·조리기구 취급 등 안전에 유의합니다.

- 다음 사항은 실격에 해당하여 채점 대상에서 제외됩니다.

  ㉮ 수험자 본인이 시험 도중 시험에 대한 포기 의사를 표현하는 경우

  ㉯ 위생복, 위생모, 앞치마, 마스크를 착용하지 않은 경우

  ㉰ 시험시간 내에 과제 두 가지를 제출하지 못한 경우

  ㉱ 문제의 요구사항대로 과제의 수량이 만들어지지 않은 경우

  ㉲ 완성품을 요구사항의 과제(요리)가 아닌 다른 요리(예, 달걀말이→달걀찜)로 만든 경우

  ㉳ 불을 사용하여 만든 조리 작품이 작품 특성에 벗어나는 정도로 타거나 익지 않은 경우

  ㉴ 해당과제의 지급재료 이외 재료를 사용하거나, 요구사항의 조리기구(석쇠 등)로 완성품을 조리하지 않은 경우

  ㉵ 지정된 수험자지참준비물 이외의 조리기술에 영향을 줄 수 있는 기구를 사용한 경우

  ㉶ 가스레인지 화구 2개 이상(2개 포함) 사용한 경우

  ㉷ 시험 중 시설·장비(칼, 가스레인지 등) 사용 시 시험위원 및 타 수험자의 시험 진행에 위해를 일으킬 것으로 시험위원 전원이 합의하여 판단한 경우

  ㉠ 요구사항에 표시된 실격 및 부정행위에 해당하는 경우

- 항목별 배점은 위생상태 및 안전관리 5점, 조리기술 30점, 작품의 평가 15점입니다.

- 시험시작 전 가벼운 몸 풀기(스트레칭) 동작으로 긴장을 풀고 시험을 시작합니다.

로메인 상추는 한 입 크기로 썰어 찬물에 담근다.

마늘은 곱게 다진다. 1/2량은 크루톤에 사용하고 1/2량은 시저 드레싱에 사용한다.

식빵은 1cm×1cm로 썰어 마늘, 올리브오일에 버무려 바삭하게 굽는다.

베이컨은 1cm×1cm로 썰어 바삭하게 구운 후 기름을 제거한다.

앤초비는 곱게 다진다.

파마지아노 레기아노는 강판에 갈고, 레몬즙을 만든다.

노른자 2개를 휘핑한 후 카놀라 오일을 조금씩 넣어가며 분리되지 않게 휘핑한다. 화이트 와인 비네거, 레몬즙, 디존 머스터드, 소금, 검은 후춧가루를 넣어 마요네즈를 만든다.

마요네즈 100g을 완성그릇에 담고 나머지 마요네즈에 다진 마늘, 앤초비, 소금, 검은 후춧가루를 섞어 시저 드레싱 100g을 완성그릇에 담는다.

로메인 상추는 시저 드레싱 2큰술 정도에 버무려 담고 베이컨, 크루톤, 파미지아노 레기아노, 검은 후춧가루를 뿌린다.

기적의 Tip

- 마요네즈가 분리되지 않도록 작업한다.
- 마요네즈를 이용하여 시저 드레싱을 만들어야 한다.
- 마요네즈, 시저 드레싱, 시저 샐러드 3가지를 각각의 그릇에 담아 제출한다.
- 지급된 카놀라유를 모두 사용해야 요구사항의 제출양이 나오므로, 남기지 말고 전량을 마요네즈로 만든다.

동영상 무료

스페니쉬 오믈렛
Spanish Omelet

준비할 재료

토마토 1/4개
양파 1/6개
청피망 1/6개
양송이 1개
베이컨 1/2조각

토마토 케첩 20g
검은 후춧가루 2g
소금 5g
달걀 3개
식용유 20㎖
버터 20g
생크림 20㎖

조리 작업 순서

1. 재료 세척하기
2. 달걀을 풀어 소금, 생크림과 섞기
3. 체에 내리기
4. 속에 넣을 재료 다지기
5. 다진 재료 볶기 → 토마토 케첩, 소금, 검은 후춧가루 넣어 볶기
6. 오믈렛 팬에 식용유, 버터 녹이기
7. 달걀 부어 스크럼블 하기
8. 스크럼블 달걀 기울여 볶은 재료 넣기
9. 타원형으로 말기
10. 버터를 발라 완성하기

요구사항

주어진 재료를 사용하여 다음과 같이 스페니쉬 오믈렛을 만드시오.

1. 토마토, 양파, 청피망, 양송이, 베이컨은 0.5cm의 크기로 썰어 오믈렛 소를 만드시오.
2. 소가 흘러나오지 않도록 하시오.
3. 소를 넣어 나무젓가락과 팬을 이용하여 타원형으로 만드시오.

수험자 유의사항

- 만드는 순서에 유의하며, 위생과 숙련된 기능평가를 위하여 조리작업 시 맛을 보지 않습니다.
- 지정된 수험자 지참 준비물 이외의 조리기구나 재료를 시험장 내에 지참할 수 없습니다.
- 지급재료는 시험 전 확인하여 이상이 있을 경우 시험위원으로부터 조치를 받고 시험 중에는 재료의 교환 및 추가지급은 하지 않습니다.
- 요구사항 및 지급재료의 규격은 "정도"의 의미를 포함하며, 재료의 크기에 따라 가감하여 채점됩니다.
- 위생복, 위생모, 앞치마, 마스크를 착용하여야 하며, 시험장비 · 조리기구 취급 등 안전에 유의합니다.
- 다음 사항은 실격에 해당하여 채점 대상에서 제외됩니다.
  - ㉮ 수험자 본인이 시험 도중 시험에 대한 포기 의사를 표현하는 경우
  - ㉯ 위생복, 위생모, 앞치마, 마스크를 착용하지 않은 경우
  - ㉰ 시험시간 내에 과제 두 가지를 제출하지 못한 경우
  - ㉱ 문제의 요구사항대로 과제의 수량이 만들어지지 않은 경우
  - ㉲ 완성품을 요구사항의 과제(요리)가 아닌 다른 요리(예, 달걀말이→달걀찜)로 만든 경우
  - ㉳ 불을 사용하여 만든 조리 작품이 작품 특성에 벗어나는 정도로 타거나 익지 않은 경우
  - ㉴ 해당과제의 지급재료 이외 재료를 사용하거나, 요구사항의 조리기구(석쇠 등)로 완성품을 조리하지 않은 경우
  - ㉵ 지정된 수험자지참준비물 이외의 조리기술에 영향을 줄 수 있는 기구를 사용한 경우
  - ㉶ 가스레인지 화구 2개 이상(2개 포함) 사용한 경우
  - ㉷ 시험 중 시설 · 장비(칼, 가스레인지 등) 사용 시 시험위원 및 타 수험자의 시험 진행에 위해를 일으킬 것으로 시험위원 전원이 합의하여 판단한 경우
  - ㉸ 요구사항에 표시된 실격 및 부정행위에 해당하는 경우
- 항목별 배점은 위생상태 및 안전관리 5점, 조리기술 30점, 작품의 평가 15점입니다.
- 시험시작 전 가벼운 몸 풀기(스트레칭) 동작으로 긴장을 풀고 시험을 시작합니다.

달걀은 껍질이 들어가지 않도록 잘 풀어 소금, 생크림을 넣고 체에 내린다.

양파. 양송이. 청피망. 베이컨. 토마토는 껍질을 벗겨 사방 0.5cm 크기로 썬다.

팬에 베이컨. 양파. 양송이. 청피망. 토마토를 볶다가 토마토 케첩을 넣어 되직하게 볶는다. 소금, 검은 후춧가루로 간을 한다.

오믈렛 팬을 달궈 식용유. 버터를 두른 후 열이 오르면 풀어놓은 달걀을 팬에 부어 젓가락으로 재빨리 휘젓는다.

약하게 불을 줄이고 오믈렛 팬을 45도로 기울여 반대쪽으로 달걀을 밀어낸 후 반 정도 익으면 가운데 홈을 내고 그 위에 볶아놓은 재료를 고르게 올린다.

양쪽 끝에 구멍이 생기지 않게 타원형으로 말아가며 익힌다.

속이 부드럽게 익으면 버터를 발라 윤기를 내고 완성 접시에 담는다.

 기적의 Tip

• 재료를 볶을 팬과 오믈렛을 만들 팬은 별도로 해야 스페니쉬 오믈렛 표면에 빨간 토마토 케첩색이 묻지 않는다.
• 속에 넣을 재료는 농도가 묽지 않아야 하며 달걀 안에 채울 땐 너무 많이 넣지 않아야 속이 오믈렛 밖으로 새어 나오지 않는다.

동영상 무료

치즈 오믈렛
Cheese Omelet

시험시간 20분

준비할 재료

달걀 3개
치즈 1장
버터 30g
식용유 20㎖
생크림 20㎖
소금 2g

조리 작업 순서

1. 달걀을 풀어 소금, 생크림과 섞기
2. 체에 내리기
3. 치즈 다지기
4. 달걀, 치즈 1/2 정도 섞기
5. 오믈렛 팬에 식용유, 버터 녹이기
6. 달걀 부어 스크럼블하기
7. 스크럼블 달걀 기울여 치즈 넣기
8. 타원형으로 말기
9. 버터를 발라 완성하기

주어진 재료를 사용하여 다음과 같이 치즈 오믈렛을 만드시오.

1. 치즈는 사방 0.5cm로 자르시오.
2. 치즈가 들어가 있는 것을 알 수 있도록 하고, 익지 않은 달걀이 흐르지 않도록 만드시오.
3. 나무젓가락과 팬을 이용하여 타원형으로 만드시오.

수험자 유의사항

- 만드는 순서에 유의하며, 위생과 숙련된 기능평가를 위하여 조리작업 시 맛을 보지 않습니다.

- 지정된 수험자 지참 준비물 이외의 조리기구나 재료를 시험장 내에 지참할 수 없습니다.

- 지급재료는 시험 전 확인하여 이상이 있을 경우 시험위원으로부터 조치를 받고 시험 중에는 재료의 교환 및 추가지급은 하지 않습니다.

- 요구사항 및 지급재료의 규격은 "정도"의 의미를 포함하며, 재료의 크기에 따라 가감하여 채점됩니다.

- 위생복, 위생모, 앞치마, 마스크를 착용하여야 하며, 시험장비·조리기구 취급 등 안전에 유의합니다.

- 다음 사항은 실격에 해당하여 채점 대상에서 제외됩니다.

  ㉮ 수험자 본인이 시험 도중 시험에 대한 포기 의사를 표현하는 경우

  ㉯ 위생복, 위생모, 앞치마, 마스크를 착용하지 않은 경우

  ㉰ 시험시간 내에 과제 두 가지를 제출하지 못한 경우

  ㉱ 문제의 요구사항대로 과제의 수량이 만들어지지 않은 경우

  ㉲ 완성품을 요구사항의 과제(요리)가 아닌 다른 요리(예, 달걀말이→달걀찜)로 만든 경우

  ㉳ 불을 사용하여 만든 조리 작품이 작품 특성에 벗어나는 정도로 타거나 익지 않은 경우

  ㉴ 해당과제의 지급재료 이외 재료를 사용하거나, 요구사항의 조리기구(석쇠 등)로 완성품을 조리하지 않은 경우

  ㉵ 지정된 수험자지참준비물 이외의 조리기술에 영향을 줄 수 있는 기구를 사용한 경우

  ㉶ 가스레인지 화구 2개 이상(2개 포함) 사용한 경우

  ㉷ 시험 중 시설·장비(칼, 가스레인지 등) 사용 시 시험위원 및 타 수험자의 시험 진행에 위해를 일으킬 것으로 시험위원 전원이 합의하여 판단한 경우

  ㉸ 요구사항에 표시된 실격 및 부정행위에 해당하는 경우

- 항목별 배점은 위생상태 및 안전관리 5점, 조리기술 30점, 작품의 평가 15점입니다.

- 시험시작 전 가벼운 몸 풀기(스트레칭) 동작으로 긴장을 풀고 시험을 시작합니다.

달걀은 껍질이 들어가지 않도록 잘 풀어 소금, 생크림을 넣고 체에 내린다.

치즈는 사방 0.5cm 크기로 균일하게 자른 후 1/2 정도는 풀어놓은 달걀에 섞는다.

오믈렛 팬을 달궈 식용유, 버터를 두른 후 열이 오르면 팬에 치즈를 섞은 달걀을 부어 젓가락으로 재빨리 휘젓는다.

약하게 불을 줄인 후 오믈렛 팬을 45도로 기울여 반대쪽으로 달걀 스크럼블을 밀어낸다. 달걀이 반 정도 익으면 가운데 홈을 파고 그 위에 치즈를 고르게 올린다.

양쪽 끝에 구멍이 생기지 않게 타원형으로 말아가며 익힌다.

속이 부드럽게 익으면 버터를 발라 윤기를 내고 완성 접시에 담는다.

 기적의 Tip

- 치즈는 0.5cm 크기로 균일하게 썰어야 같은 속도로 녹는다.
- 스크럼블은 젓가락을 사용하며 V자로 벌려 휘저어야 오믈렛이 부드럽다.
- 달걀 안에 치즈를 채울 땐 고르게 올려 감독관이 어느 부분을 잘라도 치즈가 보일 수 있도록 한다.
- 열 조절을 잘해야 겉이 단단하거나 속이 덜 익지 않는다.
- 팬이 뜨겁게 달궈지면 달걀을 붓고 중불로 줄인 후 스크럼블을 하며 약불로 줄인 후 오믈렛 팬을 기울여 모양내며 익힌다.
- 김밥말이, 달걀말이처럼 돌돌 말지 않도록 주의한다.

▶ 동영상 무료

비프 콘소메 수프
Beef Consomme Soup

🕐 시험시간 40분

준비할 재료

소고기(살코기 갈은 것) 70g
양파 1개
당근 40g
셀러리 30g
토마토 1/4개
달걀 1개
비프 스톡(물로 대체 가능) 500㎖

파슬리 1줄기
검은 통후추 1개
검은 후춧가루 2g
정향 1개
월계수 잎 1잎
소금 2g

조리 작업 순서

❶ 재료 세척하기
❷ 양파 일부를 1cm 두께의 링으로 썰어 어니언 브루리 만들기
❸ 나머지 양파, 당근, 셀러리 채 썰기
❹ 토마토 콩카세하여 다지기
❺ 달걀 흰자 거품내기
❻ 어니언 브루리, 채 썬 재료, 토마토, 소고기 거품에 섞기
❼ 물, 준비한 재료 끓이기 → 거르기
❽ 소금, 검은 후춧가루 간하기

비프 콘소메 수프 • **71**

주어진 재료를 사용하여 다음과 같이 비프 콘소메 수프를 만드시오.

1. 어니언 브루리(onion brulee)를 만들어 사용하시오.
2. 양파를 포함한 채소는 채 썰어 향신료, 소고기, 달걀 흰자 머랭과 함께 섞어 사용하시오.
3. 수프는 맑고 갈색이 되도록 하여 200㎖ 이상 제출하시오.

수험자 유의사항

- 만드는 순서에 유의하며, 위생과 숙련된 기능평가를 위하여 조리작업 시 맛을 보지 않습니다.

- 지정된 수험자 지참 준비물 이외의 조리기구나 재료를 시험장 내에 지참할 수 없습니다.

- 지급재료는 시험 전 확인하여 이상이 있을 경우 시험위원으로부터 조치를 받고 시험 중에는 재료의 교환 및 추가지급은 하지 않습니다.

- 요구사항 및 지급재료의 규격은 "정도"의 의미를 포함하며, 재료의 크기에 따라 가감하여 채점됩니다.

- 위생복, 위생모, 앞치마, 마스크를 착용하여야 하며, 시험장비 · 조리기구 취급 등 안전에 유의합니다.

- 다음 사항은 실격에 해당하여 채점 대상에서 제외됩니다.

  ㉮ 수험자 본인이 시험 도중 시험에 대한 포기 의사를 표현하는 경우

  ㉯ 위생복, 위생모, 앞치마, 마스크를 착용하지 않은 경우

  ㉰ 시험시간 내에 과제 두 가지를 제출하지 못한 경우

  ㉱ 문제의 요구사항대로 과제의 수량이 만들어지지 않은 경우

  ㉲ 완성품을 요구사항의 과제(요리)가 아닌 다른 요리(예, 달걀말이→달걀찜)로 만든 경우

  ㉳ 불을 사용하여 만든 조리 작품이 작품 특성에 벗어나는 정도로 타거나 익지 않은 경우

  ㉴ 해당과제의 지급재료 이외 재료를 사용하거나, 요구사항의 조리기구(석쇠 등)로 완성품을 조리하지 않은 경우

  ㉵ 지정된 수험자지참준비물 이외의 조리기술에 영향을 줄 수 있는 기구를 사용한 경우

  ㉶ 가스레인지 화구 2개 이상(2개 포함) 사용한 경우

  ㉷ 시험 중 시설 · 장비(칼, 가스레인지 등) 사용 시 시험위원 및 타 수험자의 시험 진행에 위해를 일으킬 것으로 시험위원 전원이 합의하여 판단한 경우

  ㉸ 요구사항에 표시된 실격 및 부정행위에 해당하는 경우

- 항목별 배점은 위생상태 및 안전관리 5점, 조리기술 30점, 작품의 평가 15점입니다.

- 시험시작 전 가벼운 몸 풀기(스트레칭) 동작으로 긴장을 풀고 시험을 시작합니다.

양파의 일부를 1cm 두께의 링으로 잘라
갈색으로 굽는다.

나머지 양파, 당근, 셀러리는 채 썰고 토
마토는 콩카세하여 다진다.

소고기는 키친타월을 이용하여 핏물을
제거한다.

달걀은 흰자와 노른자를 분리하여 흰자
를 거품기로 충분히 저어 거품을 낸다.

달걀 흰자 거품에 채 썬 양파, 당근, 셀러
리, 다진 소고기, 토마토를 넣어 섞는다.

냄비에 물, 볶은 양파, 달걀 흰자 혼합 재
료, 월계수 잎, 정향, 파슬리 줄기를 넣고
끓인다.

거품을 도넛 모양이 되도록 중간에 구멍
을 내면서 끓인다.

소금, 검은 후춧가루로 간을 한 후 면포
에 맑게 거른다.

 기적의 Tip

- 일부 양파는 채 써는 것이 아니고, 링 모양으로 썰어준다.
- 양파는 충분히 구워야 색이 좋다.
- 소고기는 핏물을 제거해야 수프색이 탁하지 않다.
- 달걀 흰자 거품은 볼에 물기가 묻어 있지 않아야 한다.
- 끓이면서 흰자 거품 중간에 도넛 모양으로 구멍을 내야 불순물이 잘 제거되어 수프가 맑다.

미네스트로니 수프
Minestrone Soup

🕒 시험시간 **30분**

준비할 재료

양파 1/4개
셀러리 30g
당근 40g
무 10g
양배추 40g
버터 5g
스트링빈스 2줄기

완두콩 5알
토마토 1/8개
스파게티 2가닥
토마토 페이스트 15g
파슬리 1줄기
베이컨 1/2조각
마늘 1쪽
소금 2g
검은 후춧가루 2g
치킨 스톡(물로 대체 가능)
200ml
월계수 잎 1잎
정향 1개

조리 작업 순서

1. 재료 세척하기
2. 물 끓이기 → 스파게티 삶기
3. 채소 썰기 → 토마토 썰기 → 마늘 다지기
4. 부케가르니 준비하기
5. 순서대로 볶기
6. 끓이기, 거품 제거하기
7. 파슬리 손질하기
8. 소금, 후춧가루로 간하기
9. 완성 그릇에 담기
10. 파슬리 가루 뿌리기

주어진 재료를 사용하여 다음과 같이 미네스트로니 수프를 만드시오.

1. 채소는 사방 1.2cm, 두께 0.2cm로 써시오.

2. 스트링빈스, 스파게티는 1.2cm의 길이로 써시오.

3. 국물과 고형물의 비율을 3:1로 하시오.

4. 전체 수프의 양은 200㎖ 이상으로 하고 파슬리 가루를 뿌려내시오.

수험자 유의사항

• 만드는 순서에 유의하며, 위생과 숙련된 기능평가를 위하여 조리작업 시 맛을 보지 않습니다.

• 지정된 수험자 지참 준비물 이외의 조리기구나 재료를 시험장 내에 지참할 수 없습니다.

• 지급재료는 시험 전 확인하여 이상이 있을 경우 시험위원으로부터 조치를 받고 시험 중에는 재료의 교환 및 추가지급은 하지 않습니다.

• 요구사항 및 지급재료의 규격은 "정도"의 의미를 포함하며, 재료의 크기에 따라 가감하여 채점됩니다.

• 위생복, 위생모, 앞치마, 마스크를 착용하여야 하며, 시험장비 · 조리기구 취급 등 안전에 유의합니다.

• 다음 사항은 실격에 해당하여 채점 대상에서 제외됩니다.

  ㉮ 수험자 본인이 시험 도중 시험에 대한 포기 의사를 표현하는 경우

  ㉯ 위생복, 위생모, 앞치마, 마스크를 착용하지 않은 경우

  ㉰ 시험시간 내에 과제 두 가지를 제출하지 못한 경우

  ㉱ 문제의 요구사항대로 과제의 수량이 만들어지지 않은 경우

  ㉲ 완성품을 요구사항의 과제(요리)가 아닌 다른 요리(예, 달걀말이→달걀찜)로 만든 경우

  ㉳ 불을 사용하여 만든 조리 작품이 작품 특성에 벗어나는 정도로 타거나 익지 않은 경우

  ㉴ 해당과제의 지급재료 이외 재료를 사용하거나, 요구사항의 조리기구(석쇠 등)로 완성품을 조리하지 않은 경우

  ㉵ 지정된 수험자지참준비물 이외의 조리기술에 영향을 줄 수 있는 기구를 사용한 경우

  ㉶ 가스레인지 화구 2개 이상(2개 포함) 사용한 경우

  ㉷ 시험 중 시설 · 장비(칼, 가스레인지 등) 사용 시 시험위원 및 타 수험자의 시험 진행에 위해를 일으킬 것으로 시험위원 전원이 합의하여 판단한 경우

  ㉸ 요구사항에 표시된 실격 및 부정행위에 해당하는 경우

• 항목별 배점은 위생상태 및 안전관리 5점, 조리기술 30점, 작품의 평가 15점입니다.

• 시험시작 전 가벼운 몸 풀기(스트레칭) 동작으로 긴장을 풀고 시험을 시작합니다.

1 냄비에 물을 올려 끓으면 소금을 약간 넣고 스파게티를 삶은 후 1.2cm로 자른다.

2 베이컨을 1.2cm로 자른 후 끓는 물에 데치고, 양파, 당근, 셀러리, 무, 양배추, 스트링빈스는 1.2cm로 자른다. 토마토를 콩카세하여 1.2cm로 자르고 마늘은 다진다. 부케가르니를 준비한다.

3 냄비에 버터를 두르고 다진 마늘, 베이컨, 양파, 당근, 무, 양배추, 셀러리 순으로 볶는다. 불을 줄이고 페이스트를 볶은 후 토마토를 볶는다.

4 물, 부케가르니를 넣고 끓인다. 끓으면 거품을 제거하고, 수프 농도가 나오기 직전 스파게티, 스트링빈스, 완두콩을 넣어 한소끔 더 끓인다. 파슬리는 곱게 다져 헹군 후 보슬하게 준비한다.

5 부케가르니를 건져내고 소금, 검은 후춧가루로 간을 한 후 완성 그릇에 담아 파슬리 가루를 뿌린다.

기적의 Tip

· 재료의 종류가 다양하므로 먼저 재료를 분류하여 누락되는 것이 없도록 한다.
· 재료의 크기가 균일하도록 한다.
· 국물과 고형물의 비율이 3:1이 되도록 한다.

▶ 동영상 무료

피시 차우더 수프
Fish Chowder Soup

⏱ 시험시간 **30분**

준비할 재료

대구살 50g(해동 지급)   밀가루 15g
감자 1/4개   우유 200㎖
베이컨 1/2조각   소금 2g
양파 1/6개   흰 후춧가루 2g
셀러리 30g   정향 1개
버터 20g   월계수 잎 1잎

조리 작업 순서

① 재료 세척하기
② 베이컨 썰기, 데치기
③ 생선살 썰기, 물에 넣어 육수내기
④ 감자, 양파, 셀러리 썰기, 볶기
⑤ 화이트 루 만들기
⑥ 피시스톡, 부케가르니 넣어 끓이기
⑦ 볶은 재료, 베이컨, 우유 넣어 끓이기
⑧ 부케가르니 건져내고 생선 넣기
⑨ 소금, 흰 후춧가루로 간하기
⑩ 완성 그릇에 담기

주어진 재료를 사용하여 다음과 같이 피시 차우더 수프를 만드시오.

1. 차우더 수프는 화이트 루(roux)를 이용하여 농도를 맞추시오.

2. 채소는 0.7×0.7×0.1cm, 생선은 1×1×1cm 크기로 써시오.

3. 대구살을 이용하여 생선스톡을 만들어 사용하시오.

4. 수프는 200㎖ 이상 제출하시오.

수험자 유의사항

· 만드는 순서에 유의하며, 위생과 숙련된 기능평가를 위하여 조리작업 시 맛을 보지 않습니다.

· 지정된 수험자 지참 준비물 이외의 조리기구나 재료를 시험장 내에 지참할 수 없습니다.

· 지급재료는 시험 전 확인하여 이상이 있을 경우 시험위원으로부터 조치를 받고 시험 중에는 재료의 교환 및 추가지 급은 하지 않습니다.

· 요구사항 및 지급재료의 규격은 "정도"의 의미를 포함하며, 재료의 크기에 따라 가감하여 채점됩니다.

· 위생복, 위생모, 앞치마, 마스크를 착용하여야 하며, 시험장비 · 조리기구 취급 등 안전에 유의합니다.

· 다음 사항은 실격에 해당하여 채점 대상에서 제외됩니다.

 ㉮ 수험자 본인이 시험 도중 시험에 대한 포기 의사를 표현하는 경우

 ㉯ 위생복, 위생모, 앞치마, 마스크를 착용하지 않은 경우

 ㉰ 시험시간 내에 과제 두 가지를 제출하지 못한 경우

 ㉱ 문제의 요구사항대로 과제의 수량이 만들어지지 않은 경우

 ㉲ 완성품을 요구사항의 과제(요리)가 아닌 다른 요리(예, 달걀말이→달걀찜)로 만든 경우

 ㉳ 불을 사용하여 만든 조리 작품이 작품 특성에 벗어나는 정도로 타거나 익지 않은 경우

 ㉴ 해당과제의 지급재료 이외 재료를 사용하거나, 요구사항의 조리기구(석쇠 등)로 완성품을 조리하지 않은 경우

 ㉵ 지정된 수험자지참준비물 이외의 조리기술에 영향을 줄 수 있는 기구를 사용한 경우

 ㉶ 가스레인지 화구 2개 이상(2개 포함) 사용한 경우

 ㉷ 시험 중 시설 · 장비(칼, 가스레인지 등) 사용 시 시험위원 및 타 수험자의 시험 진행에 위해를 일으킬 것으로 시험 위원 전원이 합의하여 판단한 경우

 ㉸ 요구사항에 표시된 실격 및 부정행위에 해당하는 경우

· 항목별 배점은 위생상태 및 안전관리 5점, 조리기술 30점, 작품의 평가 15점입니다.

· 시험시작 전 가벼운 몸 풀기(스트레칭) 동작으로 긴장을 풀고 시험을 시작합니다.

베이컨은 1cm 크기로 썰어 끓는 물에
데쳐 기름을 제거한다.

생선살은 1.2cm 크기로 일정하게 썰어
준비한다.

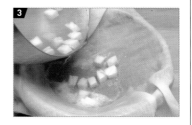

냄비에 물 2C를 넣고 썰어 놓은 생선살
을 삶아 익힌 후 면포에 걸러 피시스톡과
생선살을 따로 준비한다.

양파, 감자, 셀러리는 0.7×0.7×0.1cm 크기
로 썰고 냄비에 버터를 두른 후 볶는다.

냄비에 버터와 밀가루를 볶아 화이트 루
를 만든다. 생선 육수를 조금씩 넣어 몽
우리를 풀어준 후 볶은 채소를 넣어 끓인
다. 우유를 넣어 끓으면 월계수 잎과 정
향을 건져내고 익힌 생선살을 넣는다. 소
금, 흰 후춧가루를 넣어 간을 한 후 완성
그릇에 담는다.

기적의 Tip

· 생선살은 익으면 크기가 줄어들므로 요구사항보다 약간 크게 썰어 준비한다.
· 생선을 데친 물은 피시스톡으로 사용한다.
· 이미 익은 생선살은 완성 직전에 넣어야 모양이 부서지지 않는다.

동영상 무료

프렌치 어니언 수프
French Onion Soup

시험시간 30분

준비할 재료

양파 1개
바게트빵 1조각
버터 20g
소금 2g
검은 후춧가루 1g
파마산 치즈가루 10g

백포도주 15㎖
마늘 1쪽
파슬리 1줄기
맑은 스톡(물로 대체 가능)
270㎖

조리 작업 순서

1 재료 세척하기
2 양파 속껍질 제거하기 → 채 썰기
3 냄비에 버터를 두르고 양파 볶기
4 백포도주 넣기
5 물 부어 끓이기
6 마늘 다지기 → 파슬리 다지기
7 마늘 버터를 만들어 바게트에 바르기
8 바게트 굽기
9 거품 제거하기
10 소금, 후추로 간하기
11 완성 그릇에 담기 → 마늘바게트 따로 곁들이기

주어진 재료를 사용하여 다음과 같이 프렌치 어니언 수프를 만드시오.

1. 양파는 5cm 크기의 길이로 일정하게 써시오.
2. 바게트빵에 마늘버터를 발라 구워서 따로 담아내시오.
3. 수프의 양은 200㎖ 이상 제출하시오.

수험자 유의사항

- 만드는 순서에 유의하며, 위생과 숙련된 기능평가를 위하여 조리작업 시 맛을 보지 않습니다.

- 지정된 수험자 지참 준비물 이외의 조리기구나 재료를 시험장 내에 지참할 수 없습니다.

- 지급재료는 시험 전 확인하여 이상이 있을 경우 시험위원으로부터 조치를 받고 시험 중에는 재료의 교환 및 추가지급은 하지 않습니다.

- 요구사항 및 지급재료의 규격은 "정도"의 의미를 포함하며, 재료의 크기에 따라 가감하여 채점됩니다.

- 위생복, 위생모, 앞치마, 마스크를 착용하여야 하며, 시험장비 · 조리기구 취급 등 안전에 유의합니다.

- 다음 사항은 실격에 해당하여 채점 대상에서 제외됩니다.

  ㉮ 수험자 본인이 시험 도중 시험에 대한 포기 의사를 표현하는 경우

  ㉯ 위생복, 위생모, 앞치마, 마스크를 착용하지 않은 경우

  ㉰ 시험시간 내에 과제 두 가지를 제출하지 못한 경우

  ㉱ 문제의 요구사항대로 과제의 수량이 만들어지지 않은 경우

  ㉲ 완성품을 요구사항의 과제(요리)가 아닌 다른 요리(예, 달걀말이→달걀찜)로 만든 경우

  ㉳ 불을 사용하여 만든 조리 작품이 작품 특성에 벗어나는 정도로 타거나 익지 않은 경우

  ㉴ 해당과제의 지급재료 이외 재료를 사용하거나, 요구사항의 조리기구(석쇠 등)로 완성품을 조리하지 않은 경우

  ㉵ 지정된 수험자지참준비물 이외의 조리기술에 영향을 줄 수 있는 기구를 사용한 경우

  ㉶ 가스레인지 화구 2개 이상(2개 포함) 사용한 경우

  ㉷ 시험 중 시설 · 장비(칼, 가스레인지 등) 사용 시 시험위원 및 타 수험자의 시험 진행에 위해를 일으킬 것으로 시험위원 전원이 합의하여 판단한 경우

  ㉮ 요구사항에 표시된 실격 및 부정행위에 해당하는 경우

- 항목별 배점은 위생상태 및 안전관리 5점, 조리기술 30점, 작품의 평가 15점입니다.

- 시험시작 전 가벼운 몸 풀기(스트레칭) 동작으로 긴장을 풀고 시험을 시작합니다.

양파는 속 껍질을 벗겨 곱게 채 썬다.

냄비에 버터를 두르고 채 썬 양파를 나무 젓가락으로 볶는다.

백포도주, 물을 조금씩 넣어가며 양파에 색이 나도록 볶은 후 물을 모두 넣는다. 끓으면 불을 줄이고 약불로 끓인다.

마늘은 다지고 파슬리는 곱게 다져 면포 안에 넣고 헹궈 보슬하게 준비한다. 다진 마늘, 파슬리 가루, 버터, 소금을 섞어 마늘버터를 만든 후 바게트빵 한 면에 고루 발라 굽는다.

수프 위에 뜨는 거품을 걷어내면서 은근히 끓이다가 소금, 검은 후춧가루로 간을 한다. 완성 그릇에 양파채를 담고 수프량이 200㎖가 되도록 계량하여 붓는다.

마늘바게트를 어니언 수프에 곁들인다.

기적의 Tip

- 양파는 속껍질을 벗겨낸 후 썰어야 냄비에 볶을 때 늘러 붙거나 타지 않는다.
- 양파는 진한 갈색이 나오도록 충분히 볶아야 한다.
- 양파는 젓가락을 사용하여 볶아야 부서지거나 으깨어지지 않는다.
- 마늘바게트는 제출 시 따로 담아낸다.

▶ 동영상 무료

포테이토 크림 수프
Potato Cream Soup

⏱ 시험시간 **30분**

준비할 재료

감자 1개
대파 1토막
양파 1/4개
버터 15g
치킨 스톡(물로 대체 가능)
270㎖

생크림 20㎖
식빵 1조각
소금 2g
흰 후춧가루 1g
월계수 잎 1잎

조리 작업 순서

① 재료 세척하기
② 감자(껍질 제거, 썰기, 찬물에 담그기)
③ 양파, 대파 썰기 → 양파, 대파, 감자 볶기
④ 물, 월계수 잎을 넣어 끓이기
⑤ 크루톤 만들기
⑥ 끓인 재료 체에 내리기
⑦ 생크림 넣어 끓이기
⑧ 소금, 흰 후춧가루로 간하기
⑨ 완성 그릇에 담기
⑩ 제출 직전에 크루톤 띄우기

주어진 재료를 사용하여 다음과 같이 포테이토 크림 수프를 만드시오.

1. 크루톤(crouton)의 크기는 사방 0.8~1cm로 만들어 버터에 볶아 수프에 띄우시오.

2. 익힌 감자는 체에 내려 사용하시오.

3. 수프의 색과 농도에 유의하고 200㎖ 이상 제출하시오.

수험자 유의사항

- 만드는 순서에 유의하며, 위생과 숙련된 기능평가를 위하여 조리작업 시 맛을 보지 않습니다.

- 지정된 수험자 지참 준비물 이외의 조리기구나 재료를 시험장 내에 지참할 수 없습니다.

- 지급재료는 시험 전 확인하여 이상이 있을 경우 시험위원으로부터 조치를 받고 시험 중에는 재료의 교환 및 추가지급은 하지 않습니다.

- 요구사항 및 지급재료의 규격은 "정도"의 의미를 포함하며, 재료의 크기에 따라 가감하여 채점됩니다.

- 위생복, 위생모, 앞치마, 마스크를 착용하여야 하며, 시험장비 · 조리기구 취급 등 안전에 유의합니다.

- 다음 사항은 실격에 해당하여 채점 대상에서 제외됩니다.

  ㉮ 수험자 본인이 시험 도중 시험에 대한 포기 의사를 표현하는 경우

  ㉯ 위생복, 위생모, 앞치마, 마스크를 착용하지 않은 경우

  ㉰ 시험시간 내에 과제 두 가지를 제출하지 못한 경우

  ㉱ 문제의 요구사항대로 과제의 수량이 만들어지지 않은 경우

  ㉲ 완성품을 요구사항의 과제(요리)가 아닌 다른 요리(예, 달걀말이→달걀찜)로 만든 경우

  ㉳ 불을 사용하여 만든 조리 작품이 작품 특성에 벗어나는 정도로 타거나 익지 않은 경우

  ㉴ 해당과제의 지급재료 이외 재료를 사용하거나, 요구사항의 조리기구(석쇠 등)로 완성품을 조리하지 않은 경우

  ㉵ 지정된 수험자지참준비물 이외의 조리기술에 영향을 줄 수 있는 기구를 사용한 경우

  ㉶ 가스레인지 화구 2개 이상(2개 포함) 사용한 경우

  ㉷ 시험 중 시설 · 장비(칼, 가스레인지 등) 사용 시 시험위원 및 타 수험자의 시험 진행에 위해를 일으킬 것으로 시험위원 전원이 합의하여 판단한 경우

  ㉸ 요구사항에 표시된 실격 및 부정행위에 해당하는 경우

- 항목별 배점은 위생상태 및 안전관리 5점, 조리기술 30점, 작품의 평가 15점입니다.

- 시험시작 전 가벼운 몸 풀기(스트레칭) 동작으로 긴장을 풀고 시험을 시작합니다.

감자는 껍질을 벗기고 싹을 도려낸 후 얇게 편썰기하여 찬물에 담가 전분기를 없앤다.

양파는 속껍질을 벗겨 균일하게 채 썰고 대파는 결대로 채 썬다.

냄비에 버터를 두르고 양파, 대파를 볶다가 감자를 볶는다. 물, 월계수 잎을 넣어 감자가 충분히 무르도록 끓인다.

식빵을 사방 0.8cm 크기로 썰어 버터에 볶아 키친타월에 올려 바삭한 크루톤을 만든다.

감자가 충분히 익으면 월계수 잎을 건져내고 체에 부드럽게 내린다.

부드럽게 체에 내린 감자에 생크림을 넣고, 거품을 제거하면서 저어가며 뭉근히 끓인다.

소금, 흰 후춧가루로 간을 한 후 완성 그릇에 담아 제출 직전에 크루톤을 올린다.

 기적의 Tip

- 감자는 얇게 썰어야 빨리 익는다. 다만 감자는 채를 썰면 쉽게 갈변되므로, 편으로 썬다.
- 감자를 찬물에 헹궈 전분을 없앤 후 볶아야 타지 않고 수프색이 탁하지 않다.
- 대파는 흰 부분만 사용하여 수프색이 파랗게 되지 않도록 한다.
- 크루톤을 수프에 미리 올려놓으면 시간이 지나면서 수프량이 줄고 크루톤이 부풀며 수프 위에 버터 기름이 뜬다. 크루톤은 제출 직전 올려 가라앉지 않게 한다.

▶ 동영상 무료

치킨 알라킹
Chicken A'la king

시험시간 30분

준비할 재료

닭다리 1개(허벅지살 포함 흰 후춧가루 2g
반마리 지급 가능) 밀가루 15g
양파 1/6개 월계수 잎 1잎
청피망 1/4개 정향 1개
홍피망 1/6개 우유 150㎖
양송이 20g 생크림 20㎖
버터 20g 소금 2g

조리 작업 순서

❶ 재료 세척하기
❷ 닭 세척하기, 물기 제거하기
❸ 뼈와 살 분리하기 → 껍질 제거, 2×2cm 썰기
❹ 치킨 육수 만들기
❺ 양파, 양송이, 피망, 썰기 → 볶기
❻ 닭살 볶기
❼ 화이트 루 만들기
❽ 정향, 우유 넣기
❾ 베샤멜 소스에 치킨 육수, 닭고기, 채소, 생크림, 소금, 흰 후춧가루 넣기

주어진 재료를 사용하여 다음과 같이 치킨 알라킹을 만드시오.

1. 완성된 닭고기와 채소, 버섯의 크기는 1.8×1.8cm로 균일하게 하시오.
2. 닭뼈를 이용하여 치킨 육수를 만들어 사용하시오.
3. 화이트 루(roux)를 이용하여 베샤멜 소스(bechamel sauce)를 만들어 사용하시오.

수험자 유의사항

- 만드는 순서에 유의하며, 위생과 숙련된 기능평가를 위하여 조리작업 시 맛을 보지 않습니다.

- 지정된 수험자 지참 준비물 이외의 조리기구나 재료를 시험장 내에 지참할 수 없습니다.

- 지급재료는 시험 전 확인하여 이상이 있을 경우 시험위원으로부터 조치를 받고 시험 중에는 재료의 교환 및 추가지급은 하지 않습니다.

- 요구사항 및 지급재료의 규격은 "정도"의 의미를 포함하며, 재료의 크기에 따라 가감하여 채점됩니다.

- 위생복, 위생모, 앞치마, 마스크를 착용하여야 하며, 시험장비ㆍ조리기구 취급 등 안전에 유의합니다.

- 다음 사항은 실격에 해당하여 채점 대상에서 제외됩니다.

  ㉮ 수험자 본인이 시험 도중 시험에 대한 포기 의사를 표현하는 경우

  ㉯ 위생복, 위생모, 앞치마, 마스크를 착용하지 않은 경우

  ㉰ 시험시간 내에 과제 두 가지를 제출하지 못한 경우

  ㉱ 문제의 요구사항대로 과제의 수량이 만들어지지 않은 경우

  ㉲ 완성품을 요구사항의 과제(요리)가 아닌 다른 요리(예. 달걀말이→달걀찜)로 만든 경우

  ㉳ 불을 사용하여 만든 조리 작품이 작품 특성에 벗어나는 정도로 타거나 익지 않은 경우

  ㉴ 해당과제의 지급재료 이외 재료를 사용하거나, 요구사항의 조리기구(석쇠 등)로 완성품을 조리하지 않은 경우

  ㉵ 지정된 수험자지참준비물 이외의 조리기술에 영향을 줄 수 있는 기구를 사용한 경우

  ㉶ 가스레인지 화구 2개 이상(2개 포함) 사용한 경우

  ㉷ 시험 중 시설ㆍ장비(칼, 가스레인지 등) 사용 시 시험위원 및 타 수험자의 시험 진행에 위해를 일으킬 것으로 시험위원 전원이 합의하여 판단한 경우

  ㉸ 요구사항에 표시된 실격 및 부정행위에 해당하는 경우

- 항목별 배점은 위생상태 및 안전관리 5점, 조리기술 30점, 작품의 평가 15점입니다.

- 시험시작 전 가벼운 몸 풀기(스트레칭) 동작으로 긴장을 풀고 시험을 시작합니다.

닭을 흐르는 찬물에 씻어 깨끗한 면포로 수분을 없앤다. 껍질을 벗겨 2×2cm 크기로 자른다.

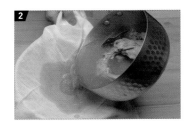

닭뼈, 월계수 잎, 물을 끓인 후 면포에 걸러 치킨 육수를 만든다.

양송이는 겉껍질을 벗기고 양파, 청피망, 홍피망과 함께 1.8cm 크기로 균일하게 썬다.

팬에 버터를 두르고 양송이, 양파, 청피망, 홍피망을 순서대로 볶은 후 닭살을 볶는다.

버터를 녹이고 밀가루를 넣어 약불에서 볶아 화이트 루를 만든다. 우유를 붓고 정향을 넣어 몽우리를 풀어 끓인다. 정향을 걸러내고 치킨 육수로 농도를 낸다.

닭고기, 채소, 생크림, 소금, 흰 후춧가루를 넣어 완성 그릇에 담는다.

 기적의 Tip

- 닭살은 익으면 줄어들므로 사방 2cm 크기로 썬다.
- 닭살은 버터에 볶아 익힌다.
- 청피망, 홍피망은 오래 끓이면 변색이 되므로 주의한다.
- 5번의 요리 방법에서 몽우리가 생기면 체에 거른 후 치킨 육수를 넣는다.

치킨 커틀렛
Chicken Cutlet

🕐 시험시간 30분

준비할 재료

닭다리 1개(허벅지살 포함
반마리 지급 가능)
달걀 1개
밀가루 30g
빵가루 50g

소금 2g
검은 후춧가루 2g
식용유 500ml
냅킨 2장

조리 작업 순서

① 재료 세척하기
② 닭 세척하기, 물기 제거하기
③ 뼈와 살 분리하기 → 포뜨기, 칼집 넣기 → 소금, 검은 후춧가
   루로 간하기
④ 밀가루 → 달걀물 → 빵가루 순서대로 입히기
⑤ 튀기기
⑥ 기름 빼기

주어진 재료를 사용하여 다음과 같이 치킨 커틀렛을 만드시오.

1. 닭은 껍질째 사용하시오.

2. 완성된 커틀렛의 색에 유의하고 두께는 1cm로 하시오.

3. 딥팻 후라이(deep fat frying)로 하시오.

수험자 유의사항

- 만드는 순서에 유의하며, 위생과 숙련된 기능평가를 위하여 조리작업 시 맛을 보지 않습니다.

- 지정된 수험자 지참 준비물 이외의 조리기구나 재료를 시험장 내에 지참할 수 없습니다.

- 지급재료는 시험 전 확인하여 이상이 있을 경우 시험위원으로부터 조치를 받고 시험 중에는 재료의 교환 및 추가지급은 하지 않습니다.

- 요구사항 및 지급재료의 규격은 "정도"의 의미를 포함하며, 재료의 크기에 따라 가감하여 채점됩니다.

- 위생복, 위생모, 앞치마, 마스크를 착용하여야 하며, 시험장비 · 조리기구 취급 등 안전에 유의합니다.

- 다음 사항은 실격에 해당하여 채점 대상에서 제외됩니다.

  ㉮ 수험자 본인이 시험 도중 시험에 대한 포기 의사를 표현하는 경우

  ㉯ 위생복, 위생모, 앞치마, 마스크를 착용하지 않은 경우

  ㉰ 시험시간 내에 과제 두 가지를 제출하지 못한 경우

  ㉱ 문제의 요구사항대로 과제의 수량이 만들어지지 않은 경우

  ㉲ 완성품을 요구사항의 과제(요리)가 아닌 다른 요리(예, 달걀말이→달걀찜)로 만든 경우

  ㉳ 불을 사용하여 만든 조리 작품이 작품 특성에 벗어나는 정도로 타거나 익지 않은 경우

  ㉴ 해당과제의 지급재료 이외 재료를 사용하거나, 요구사항의 조리기구(석쇠 등)로 완성품을 조리하지 않은 경우

  ㉵ 지정된 수험자지참준비물 이외의 조리기술에 영향을 줄 수 있는 기구를 사용한 경우

  ㉶ 가스레인지 화구 2개 이상(2개 포함) 사용한 경우

  ㉷ 시험 중 시설 · 장비(칼, 가스레인지 등) 사용 시 시험위원 및 타 수험자의 시험 진행에 위해를 일으킬 것으로 시험위원 전원이 합의하여 판단한 경우

  ㉸ 요구사항에 표시된 실격 및 부정행위에 해당하는 경우

- 항목별 배점은 위생상태 및 안전관리 5점, 조리기술 30점, 작품의 평가 15점입니다.

- 시험시작 전 가벼운 몸 풀기(스트레칭) 동작으로 긴장을 풀고 시험을 시작합니다.

닭을 흐르는 찬물에 씻어 깨끗한 면포로 수분을 없앤다. 살은 껍질이 붙어있는 채로 뼈에서 분리한다.

0.7cm 두께로 포를 뜬 후 껍질 부분에 충분히 칼집을 넣고 소금, 검은 후춧가루로 간을 한다.

달걀은 흰자와 노른자가 충분히 섞이도록 풀어놓는다. 손질한 닭고기는 '밀가루 → 계란물 → 빵가루'를 순서대로 입히고 빵가루가 떨어지지 않도록 손바닥으로 누른다.

170도로 열이 오른 식용유에 닭고기를 넣어 속이 익고 겉은 황금 갈색이 나오도록 딥팻 후라이(Deep Fat Frying)한다.

종이타월 위에 올려 기름을 제거한다.

 기적의 Tip

- 닭은 뼈에 살이 최대한 붙어있지 않도록 분리한다.
- 닭껍질을 벗겨내면 감점되므로 껍질째 손질하도록 한다.
- 튀김 옷을 입히면 두꺼워지므로 0.7cm로 포를 떠야 하며, 튀김 옷을 순서대로 입혀야 한다.
- 기름 온도는 나무 젓가락을 넣어 잔기포가 생기거나, 빵가루를 약간 넣었을 때 지글거리면 적당하다.
- 다른 메뉴의 재료(상추, 레몬)를 사용하여 장식하면 실격이므로 주의한다.

⑩ 지급 재료가 아닌 상추, 레몬을 사용하면 실격

비프 스튜
Beef Stew

⏱ 시험시간 **40분**

준비할 재료

소고기 100g
양파 1/4개
당근 70g
셀러리 30g
감자 1/3개
마늘 1쪽
밀가루 25g

토마토 페이스트 20g
파슬리 1줄기
월계수잎 1잎
정향 1개
소금 2g
버터 30g
검은 후춧가루 2g

조리 작업 순서

① 재료 세척하기 → 소고기 핏물 제거하기
② 양파, 당근, 셀러리, 감자, 마늘 재단하기
③ 감자 찬물에 담그기
④ 파슬리 가루 준비하기
⑤ 소고기 재단, 밑간하기 → 소고기 밀가루 입히기
⑥ 팬에 마늘, 양파, 당근, 셀러리, 감자 볶기 → 팬에 소고기 지지기
⑦ 브라운 루 만들기 → 토마토 페이스트 넣기 → 물 넣어 끓이기 → 볶은 채소, 지진 소고기, 월계수 잎, 정향 넣어 끓이기 → 소금, 검은 후춧가루로 간하기 → 월계수 잎 건져내기
⑧ 완성 그릇에 담아 파슬리 가루 뿌리기

요구사항

주어진 재료를 사용하여 다음과 같이 비프 스튜를 만드시오.

1. 완성된 소고기와 채소의 크기는 1.8cm의 정육면체로 하시오.
2. 브라운 루(brown roux)를 만들어 사용하시오.
3. 파슬리 다진 것을 뿌려 내시오.

수험자 유의사항

- 만드는 순서에 유의하며, 위생과 숙련된 기능평가를 위하여 조리작업 시 맛을 보지 않습니다.
- 지정된 수험자 지참 준비물 이외의 조리기구나 재료를 시험장 내에 지참할 수 없습니다.
- 지급재료는 시험 전 확인하여 이상이 있을 경우 시험위원으로부터 조치를 받고 시험 중에는 재료의 교환 및 추가지급은 하지 않습니다.
- 요구사항 및 지급재료의 규격은 "정도"의 의미를 포함하며, 재료의 크기에 따라 가감하여 채점됩니다.
- 위생복, 위생모, 앞치마, 마스크를 착용하여야 하며, 시험장비·조리기구 취급 등 안전에 유의합니다.
- 다음 사항은 실격에 해당하여 채점 대상에서 제외됩니다.
  - ㉮ 수험자 본인이 시험 도중 시험에 대한 포기 의사를 표현하는 경우
  - ㉯ 위생복, 위생모, 앞치마, 마스크를 착용하지 않은 경우
  - ㉰ 시험시간 내에 과제 두 가지를 제출하지 못한 경우
  - ㉱ 문제의 요구사항대로 과제의 수량이 만들어지지 않은 경우
  - ㉲ 완성품을 요구사항의 과제(요리)가 아닌 다른 요리(예, 달걀말이→달걀찜)로 만든 경우
  - ㉳ 불을 사용하여 만든 조리 작품이 작품 특성에 벗어나는 정도로 타거나 익지 않은 경우
  - ㉴ 해당과제의 지급재료 이외 재료를 사용하거나, 요구사항의 조리기구(석쇠 등)로 완성품을 조리하지 않은 경우
  - ㉵ 지정된 수험자지참준비물 이외의 조리기술에 영향을 줄 수 있는 기구를 사용한 경우
  - ㉶ 가스레인지 화구 2개 이상(2개 포함) 사용한 경우
  - ㉷ 시험 중 시설·장비(칼, 가스레인지 등) 사용 시 시험위원 및 타 수험자의 시험 진행에 위해를 일으킬 것으로 시험위원 전원이 합의하여 판단한 경우
  - ㉸ 요구사항에 표시된 실격 및 부정행위에 해당하는 경우
- 항목별 배점은 위생상태 및 안전관리 5점, 조리기술 30점, 작품의 평가 15점입니다.
- 시험시작 전 가벼운 몸 풀기(스트레칭) 동작으로 긴장을 풀고 시험을 시작합니다.

양파, 당근, 셀러리, 감자는 1.8cm 크기로 썰어 모서리를 완만하게 다듬고 감자는 찬물에 담가 전분기를 없앤다. 마늘은 다진다. 파슬리는 잎만 곱게 다져 면포에 감싸 물에 헹군 후 물기를 짜 보슬한 가루로 준비한다.

소고기는 키친타월이나 면포로 핏물을 제거하고 사방 2cm로 썬다. 썰은 소고기는 칼로 두들겨 연육하여 소금, 검은 후 춧가루로 밑간을 한다.

밀가루를 고르게 입힌다.

팬에 버터를 두르고 일부의 다진마늘, 양파, 당근, 셀러리, 감자를 볶는다.

팬에 버터를 두르고 밀가루 입힌 소고기를 노릇하게 지진다.

냄비에 버터를 녹이고 밀가루를 넣어 약불로 갈색으로 타지 않게 볶다가 토마토 페이스트를 넣어 볶는다. 물을 조금씩 넣어가며 몽우리가 생기지 않도록 풀어준 후 볶은 야채와 지진 소고기, 월계수 잎, 정향, 일부의 다진 마늘을 넣어 뭉근히 끓인다.

거품을 제거하여 농도가 걸쭉해지도록 끓이고 당근, 감자, 소고기가 익으면 소금, 검은 후춧가루로 간을 한 후 월계수 잎을 건져낸다. 완성 그릇에 각각의 재료가 조화되게 비프 스튜를 담고 파슬리가루를 뿌린다.

 기적의 Tip

- 양파, 당근, 감자, 셀러리는 모서리가 둥글게 다듬어야 끓일 때 부서지지 않는다.
- 소고기는 익은 후 수축하므로 요구 사항보다 약간 크게 재단하여야 하며 칼로 연육하여 최대한 수축이 덜 되도록 한다.
- 소고기를 식용유에 지지면 실격 사항이다.
- 월계수 잎을 건져내지 않고 완성 그릇에 담아 제출하면 감점이므로 주의한다.

동영상 무료

살리스버리 스테이크
Salisbury Steak

시험시간 40분

준비할 재료

소고기(갈은 것) 130g
양파 1/6개
달걀 1개
우유 10ml
빵가루 20g
소금 2g
검은 후춧가루 2g

식용유 150ml
감자 1/2개
당근 70g
시금치 70g
흰 설탕 25g
버터 50g

조리 작업 순서

① 재료 세척하기
② 물 끓이기
③ 감자 손질하여 찬물에 담그기
④ 시금치 뿌리 손질하기 → 당근 손질하기
⑤ 끓는 물에 감자 → 당근 → 시금치를 순서대로 데치기
⑥ 양파 다지기
⑦ 감자 튀기기
⑧ 양파 1/2 볶아 식히기
⑨ 남은 양파 1/2 볶다가 시금치 볶기
⑩ 당근 조리기
⑪ 소고기 치대기 → 소고기 굽기
⑫ 완성 접시에 담기

주어진 재료를 사용하여 다음과 같이 살리스버리 스테이크를 만드시오.

1. 살리스버리 스테이크는 타원형으로 만들어 고기 앞, 뒤의 색을 갈색으로 구우시오.
2. 더운 채소(당근, 감자, 시금치)를 각각 모양 있게 만들어 곁들여 내시오.

- 만드는 순서에 유의하며, 위생과 숙련된 기능평가를 위하여 조리작업 시 맛을 보지 않습니다.
- 지정된 수험자 지참 준비물 이외의 조리기구나 재료를 시험장 내에 지참할 수 없습니다.
- 지급재료는 시험 전 확인하여 이상이 있을 경우 시험위원으로부터 조치를 받고 시험 중에는 재료의 교환 및 추가지급은 하지 않습니다.
- 요구사항 및 지급재료의 규격은 "정도"의 의미를 포함하며, 재료의 크기에 따라 가감하여 채점됩니다.
- 위생복, 위생모, 앞치마, 마스크를 착용하여야 하며, 시험장비 · 조리기구 취급 등 안전에 유의합니다.
- 다음 사항은 실격에 해당하여 채점 대상에서 제외됩니다.

  ㉮ 수험자 본인이 시험 도중 시험에 대한 포기 의사를 표현하는 경우

  ㉯ 위생복, 위생모, 앞치마, 마스크를 착용하지 않은 경우

  ㉰ 시험시간 내에 과제 두 가지를 제출하지 못한 경우

  ㉱ 문제의 요구사항대로 과제의 수량이 만들어지지 않은 경우

  ㉲ 완성품을 요구사항의 과제(요리)가 아닌 다른 요리(예, 달걀말이→달걀찜)로 만든 경우

  ㉳ 불을 사용하여 만든 조리 작품이 작품 특성에 벗어나는 정도로 타거나 익지 않은 경우

  ㉴ 해당과제의 지급재료 이외 재료를 사용하거나, 요구사항의 조리기구(석쇠 등)로 완성품을 조리하지 않은 경우

  ㉵ 지정된 수험자지참준비물 이외의 조리기술에 영향을 줄 수 있는 기구를 사용한 경우

  ㉶ 가스레인지 화구 2개 이상(2개 포함) 사용한 경우

  ㉷ 시험 중 시설 · 장비(칼, 가스레인지 등) 사용 시 시험위원 및 타 수험자의 시험 진행에 위해를 일으킬 것으로 시험위원 전원이 합의하여 판단한 경우

  ㉸ 요구사항에 표시된 실격 및 부정행위에 해당하는 경우

- 항목별 배점은 위생상태 및 안전관리 5점, 조리기술 30점, 작품의 평가 15점입니다.
- 시험시작 전 가벼운 몸 풀기(스트레칭) 동작으로 긴장을 풀고 시험을 시작합니다.

감자는 5×1×1cm 크기로 일정하게 썰어 찬물에 담근다. 시금치는 억센 뿌리를 제거한다. 당근은 0.5cm 두께로 썰어 모서리를 완만한 비취(Vichy) 모양으로 일정하게 다듬는다.

끓는 물에 소금을 넣고 감자, 당근, 시금치 순서로 데친 후 식혀 물기를 제거한다.

양파를 다져 1/2은 볶아 식히고 나머지는 시금치 가니쉬에 쓰도록 한다. 감자는 기름에 튀겨 키친타월 위에 올려 기름을 제거하면서 뜨거울 때 소금을 뿌린다. 데친 시금치는 5cm로 등분하여 팬에 버터를 두르고 다진 양파, 소금, 검은 후춧가루를 넣어 볶아 펼쳐놓는다. 당근은 물, 버터, 설탕, 소금을 넣고 윤기나게 졸인다.

다진 소고기에 볶아서 식힌 양파, 소금, 검은 후춧가루, 달걀, 빵가루를 섞은 후 우유를 넣어 충분히 치댄다.

도마 위에 위생 비닐을 깔고 치댄 소고기를 올려 타원형으로 성형한다.

팬에 식용유를 두르고 성형한 소고기를 겉은 타지 않고 속은 충분히 익을 수 있도록 굽는다.

기적의 Tip

· 양파는 시금치 가니쉬, 소고기 양념에 각각 나눠 사용한다.
· 고기는 표면이 매끈해야 한다. 양파는 곱게 다져 볶고, 양념한 소고기는 충분히 치대며, 가장자리가 갈라지지 않도록 다듬는다.
· 고기는 익으면 가운데는 부풀고 크기가 줄어들기 때문에 완성 스테이크보다 약간 크고 얇게 성형한다.

서로인 스테이크
Sirloin Steak

준비할 재료

소고기 200g	소금 2g
감자 1/2개	검은 후춧가루 1g
당근 70g	식용유 150ml
시금치 70g	흰 설탕 25g
양파 1/6개	버터 50g

조리 작업 순서

1. 재료 세척하기
2. 물 끓이기
3. 감자 손질하여 찬물에 담그기
4. 시금치 뿌리 손질하기
5. 당근 손질하기
6. 끓는 물에 감자, 당근, 시금치를 순서대로 데치기
7. 양파 다지기
8. 감자 튀기기
9. 시금치, 양파 볶기 → 당근 조리기
10. 소고기 손질하기 → 소고기 굽기
11. 완성 접시에 담기

주어진 재료를 사용하여 다음과 같이 서로인 스테이크를 만드시오.

1. 스테이크는 미디움(medium)으로 구우시오.
2. 더운 채소(당근, 감자, 시금치)를 각각 모양 있게 만들어 함께 내시오.

수험자 유의사항

- 만드는 순서에 유의하며, 위생과 숙련된 기능평가를 위하여 조리작업 시 맛을 보지 않습니다.

- 지정된 수험자 지참 준비물 이외의 조리기구나 재료를 시험장 내에 지참할 수 없습니다.

- 지급재료는 시험 전 확인하여 이상이 있을 경우 시험위원으로부터 조치를 받고 시험 중에는 재료의 교환 및 추가지
  급은 하지 않습니다.

- 요구사항 및 지급재료의 규격은 "정도"의 의미를 포함하며, 재료의 크기에 따라 가감하여 채점됩니다.

- 위생복, 위생모, 앞치마, 마스크를 착용하여야 하며, 시험장비 · 조리기구 취급 등 안전에 유의합니다.

- 다음 사항은 실격에 해당하여 채점 대상에서 제외됩니다.

  ㉮ 수험자 본인이 시험 도중 시험에 대한 포기 의사를 표현하는 경우

  ㉯ 위생복, 위생모, 앞치마, 마스크를 착용하지 않은 경우

  ㉰ 시험시간 내에 과제 두 가지를 제출하지 못한 경우

  ㉱ 문제의 요구사항대로 과제의 수량이 만들어지지 않은 경우

  ㉲ 완성품을 요구사항의 과제(요리)가 아닌 다른 요리(예, 달걀말이→달걀찜)로 만든 경우

  ㉳ 불을 사용하여 만든 조리 작품이 작품 특성에 벗어나는 정도로 타거나 익지 않은 경우

  ㉴ 해당과제의 지급재료 이외 재료를 사용하거나, 요구사항의 조리기구(석쇠 등)로 완성품을 조리하지 않은 경우

  ㉵ 지정된 수험자지참준비물 이외의 조리기술에 영향을 줄 수 있는 기구를 사용한 경우

  ㉶ 가스레인지 화구 2개 이상(2개 포함) 사용한 경우

  ㉷ 시험 중 시설 · 장비(칼, 가스레인지 등) 사용 시 시험위원 및 타 수험자의 시험 진행에 위해를 일으킬 것으로 시험
    위원 전원이 합의하여 판단한 경우

  ㉠ 요구사항에 표시된 실격 및 부정행위에 해당하는 경우

- 항목별 배점은 위생상태 및 안전관리 5점, 조리기술 30점, 작품의 평가 15점입니다.

- 시험시작 전 가벼운 몸 풀기(스트레칭) 동작으로 긴장을 풀고 시험을 시작합니다.

감자는 5×1×1cm 크기로 일정하게 썰어 찬물에 담근다. 시금치는 억센 뿌리를 제거한다. 당근은 0.5cm 두께로 썰어 모서리를 완만한 비취(vichy) 모양으로 일정하게 다듬는다. 끓는 물에 소금을 넣고 감자, 당근, 시금치 순서로 데친 후 식혀 물기를 제거한다.

양파를 다진다. 감자를 기름에 튀긴 후 키친타월 위에 올려 기름을 제거하면서 뜨거울 때 소금을 뿌린다.

데친 시금치는 5cm로 등분하여 팬에 버터를 두르고 다진 양파, 소금, 검은 후춧가루를 넣어 볶아 펼쳐 놓는다. 당근은 물, 버터, 설탕, 소금을 넣고 윤기나게 졸인다.

소고기는 힘줄과 과대한 기름을 제거하고 칼로 잘근잘근 두들겨 연육한다. 소금, 검은 후춧가루로 간을 한다.

팬에 식용유를 두른다. 강불에 소고기를 올린 후 앞·뒤로 굽고 중불로 줄여 미디움으로 굽는다.

기적의 Tip

· 소고기는 힘줄을 끊어주고 칼로 두들겨 연육해야 구운 후 수축이 덜 된다.
· 처음엔 강불로 앞·뒤를 구워야 육즙이 빠져나오지 않으며 중불로 줄여 속이 미디움으로 익도록 한다.
· 완성 접시에 가니쉬 야채부터 담고 소고기는 나중에 구워 올린다.

바베큐 폭찹
Barbecued Pork Chop

준비할 재료

돼지갈비 200g
양파 1/4개
셀러리 30g
마늘 1쪽
밀가루 10g
토마토 케첩 30g
비프 스톡(물로 대체 가능)
200㎖
황설탕 10g

핫 소스 5㎖
우스터 소스 5㎖
식초 10㎖
레몬 1/6개
버터 10g
식용유 30㎖
월계수 잎 1잎
소금 2g
검은 후춧가루 2g

조리 작업 순서

1 재료 세척하기
2 돼지갈비 찬물에 담그기
3 돼지갈비 기름 제거 → 포 뜨기 → 칼집내기 → 밑간하기
4 마늘, 양파, 셀러리 다지기
5 돼지갈비에 밀가루 입혀 지지기
6 냄비에 소스 만들어 끓이기
7 지진 돼지갈비 넣어 조리기
8 월계수 잎 건지기
9 소금, 검은 후춧가루 간하기

주어진 재료를 사용하여 다음과 같이 바베큐 폭찹을 만드시오.

1. 고기는 뼈가 붙은 채로 사용하고 고기의 두께는 1cm로 하시오.

2. 양파, 셀러리, 마늘은 다져 소스로 만드시오.

3. 완성된 소스는 농도에 유의하고 윤기가 나도록 하시오.

• 만드는 순서에 유의하며, 위생과 숙련된 기능평가를 위하여 조리작업 시 맛을 보지 않습니다.

• 지정된 수험자 지참 준비물 이외의 조리기구나 재료를 시험장 내에 지참할 수 없습니다.

• 지급재료는 시험 전 확인하여 이상이 있을 경우 시험위원으로부터 조치를 받고 시험 중에는 재료의 교환 및 추가지급은 하지 않습니다.

• 요구사항 및 지급재료의 규격은 "정도"의 의미를 포함하며, 재료의 크기에 따라 가감하여 채점됩니다.

• 위생복, 위생모, 앞치마, 마스크를 착용하여야 하며, 시험장비 · 조리기구 취급 등 안전에 유의합니다.

• 다음 사항은 실격에 해당하여 채점 대상에서 제외됩니다.

  ㉮ 수험자 본인이 시험 도중 시험에 대한 포기 의사를 표현하는 경우

  ㉯ 위생복, 위생모, 앞치마, 마스크를 착용하지 않은 경우

  ㉰ 시험시간 내에 과제 두 가지를 제출하지 못한 경우

  ㉱ 문제의 요구사항대로 과제의 수량이 만들어지지 않은 경우

  ㉲ 완성품을 요구사항의 과제(요리)가 아닌 다른 요리(예, 달걀말이→달걀찜)로 만든 경우

  ㉳ 불을 사용하여 만든 조리 작품이 작품 특성에 벗어나는 정도로 타거나 익지 않은 경우

  ㉴ 해당과제의 지급재료 이외 재료를 사용하거나, 요구사항의 조리기구(석쇠 등)로 완성품을 조리하지 않은 경우

  ㉵ 지정된 수험자지참준비물 이외의 조리기술에 영향을 줄 수 있는 기구를 사용한 경우

  ㉶ 가스레인지 화구 2개 이상(2개 포함) 사용한 경우

  ㉷ 시험 중 시설 · 장비(칼, 가스레인지 등) 사용 시 시험위원 및 타 수험자의 시험 진행에 위해를 일으킬 것으로 시험위원 전원이 합의하여 판단한 경우

  ㉸ 요구사항에 표시된 실격 및 부정행위에 해당하는 경우

• 항목별 배점은 위생상태 및 안전관리 5점, 조리기술 30점, 작품의 평가 15점입니다.

• 시험시작 전 가벼운 몸 풀기(스트레칭) 동작으로 긴장을 풀고 시험을 시작합니다.

돼지갈비는 찬물에 담가 핏물을 제거하고 면포로 물기를 잘 닦는다.

기름기를 제거하고 뼈가 붙어있도록 0.8cm 두께로 포를 뜬다.

살 쪽에 칼집을 넣고 소금, 검은 후춧가루로 밑간을 한다. 마늘, 양파, 셀러리는 입자 있게 다진다.

밑간한 돼지갈비는 밀가루를 고루 입힌다.

식용유를 두른 팬에 앞·뒤로 노릇하게 지진다.

냄비에 버터를 두르고 마늘, 양파, 셀러리를 순서대로 볶다가 토마토 케첩을 넣어 볶는다. 물 1C, 황설탕, 우스터 소스, 핫 소스, 레몬즙, 식초, 월계수 잎을 넣고 끓으면 지진 돼지갈비를 넣어 소스를 끼얹어 가며 졸인다.

고기가 완전히 익고 소스가 조려지고 윤기가 나면 월계수 잎을 건져내고 소금, 검은 후춧가루로 간을 한다. 완성 접시에 돼지갈비를 담고 그 위에 소스를 끼얹었다.

기적의 Tip

- 돼지갈비는 핏물을 제거해야 누린내가 나지 않는다.
- 갈비뼈가 떨어지면 감점이므로 갈비뼈가 붙어있도록 포를 뜬다.
- 조릴 때 돼지갈비를 뒤적이면 밀가루 옷이 벗겨지므로 소스를 끼얹어가며 졸인다.
- 지급 재료가 아닌 것을 사용하면 실격이므로 반드시 지급 재료를 확인한다.

예 지급 재료가 아닌 파슬리 가루를 뿌리면 실격

스파게티 카르보나라
Spaghetti Carbonara

시험시간 **30분**

준비할 재료

스파게티 면 80g
올리브 오일 20㎖
버터 20g
생크림 180㎖
베이컨(길이 25~30cm)
1조각

달걀 1개
파마산 치즈가루 10g
파슬리 1줄기
소금 5g
검은통후추 5개
식용유 20㎖

조리 작업 순서

① 재료 세척하기
② 스파게티 면 삶기
③ 재료 순서대로 썰기 → 볶기
④ 소스 만들기
⑤ 파마산 치즈가루, 소금, 으깬 통후추 넣기
⑥ 파슬리 가루 넣기

주어진 재료를 사용하여 다음과 같이 스파게티 카르보나라를 만드시오.

1. 스파게티 면은 al dente(알 덴테)로 삶아서 사용하시오.

2. 파슬리는 다지고 통후추는 곱게 으깨서 사용하시오.

3. 베이컨은 1cm 크기로 썰어, 으깬 통후추와 볶아서 향이 잘 우러나게 하시오.

4. 생크림은 달걀 노른자를 이용한 리에종(Liaison)과 소스에 사용하시오.

수험자 유의사항

• 만드는 순서에 유의하며, 위생과 숙련된 기능평가를 위하여 조리작업 시 맛을 보지 않습니다.

• 지정된 수험자 지참 준비물 이외의 조리기구나 재료를 시험장 내에 지참할 수 없습니다.

• 지급재료는 시험 전 확인하여 이상이 있을 경우 시험위원으로부터 조치를 받고 시험 중에는 재료의 교환 및 추가지급은 하지 않습니다.

• 요구사항 및 지급재료의 규격은 "정도"의 의미를 포함하며, 재료의 크기에 따라 가감하여 채점됩니다.

• 위생복, 위생모, 앞치마, 마스크를 착용하여야 하며, 시험장비 · 조리기구 취급 등 안전에 유의합니다.

• 다음 사항은 실격에 해당하여 채점 대상에서 제외됩니다.

　❷ 수험자 본인이 시험 도중 시험에 대한 포기 의사를 표현하는 경우

　❹ 위생복, 위생모, 앞치마, 마스크를 착용하지 않은 경우

　❺ 시험시간 내에 과제 두 가지를 제출하지 못한 경우

　❻ 문제의 요구사항대로 과제의 수량이 만들어지지 않은 경우

　❼ 완성품을 요구사항의 과제(요리)가 아닌 다른 요리(예, 달걀말이→달걀찜)로 만든 경우

　❽ 불을 사용하여 만든 조리 작품이 작품 특성에 벗어나는 정도로 타거나 익지 않은 경우

　❾ 해당과제의 지급재료 이외 재료를 사용하거나, 요구사항의 조리기구(석쇠 등)로 완성품을 조리하지 않은 경우

　❿ 지정된 수험자지참준비물 이외의 조리기술에 영향을 줄 수 있는 기구를 사용한 경우

　⓫ 가스레인지 화구 2개 이상(2개 포함) 사용한 경우

　⓬ 시험 중 시설 · 장비(칼, 가스레인지 등) 사용 시 시험위원 및 타 수험자의 시험 진행에 위해를 일으킬 것으로 시험위원 전원이 합의하여 판단한 경우

　⓭ 요구사항에 표시된 실격 및 부정행위에 해당하는 경우

• 항목별 배점은 위생상태 및 안전관리 5점, 조리기술 30점, 작품의 평가 15점입니다.

• 시험시작 전 가벼운 몸 풀기(스트레칭) 동작으로 긴장을 풀고 시험을 시작합니다.

물 5C. 소금을 넣고 끓으면 스파게티 면을 넣어 알 덴테의 형태로 7분간 삶아 올리브 오일에 버무린다.

베이컨은 1cm 크기로 썰고, 통후추는 곱게 다지거나 으깬다. 파슬리는 잎만 곱게 다진 후 수분을 제거한다.

생크림 30㎖에 달걀 노른자, 파마산 치즈가루를 섞어 리에종을 만들고, 생크림 150㎖는 소스용으로 준비한다.

식용유를 두른 팬에 베이컨, 으깬 통후추를 넣어 볶는다.

삶은 스파게티 면과 버터를 넣어 볶은 후 생크림 150㎖를 넣어 끓인 후 리에종을 넣어 농도를 조절한다.

농도가 적절해지면 소금, 으깬 통후추, 파슬리 가루를 넣는다.

 기적의 Tip

· 스파게티 면이 알 덴테로 익도록 하며 너무 오래 익히지 않는다.
· 통후추는 다져 사용한다.
· 달걀이 덩어리지지 않도록 한다.
· 생크림을 넣은 다음에는 불 세기를 약하게 줄여야 생크림이 액상화 되지 않는다.

▶ 동영상 무료

토마토소스 해산물 스파게티
Seafood Spaghetti Tomato Sauce

🕐 시험시간 35분

준비할 재료

스파게티 면 70g
토마토(캔) 300g
마늘 3쪽
양파 1/2개
바질 4잎
파슬리 1줄기
방울 토마토 2개
올리브 오일 40㎖

새우 3마리
모시조개 3개
오징어 50g
관자살(50g 정도, 작은 관자
3개 정도) 1개
화이트 와인 20㎖
소금 5g
흰 후춧가루 5g
식용유 20㎖

조리 작업 순서

❶ 재료 세척하기
❷ 스파게티 면 삶기
❸ 재료 순서대로 썰기 → 볶기
❹ 토마토소스 만들기
❺ 스파게티 면을 토마토소스에 버무리기
❻ 파슬리, 바질 넣기
❼ 소금, 흰 후춧가루 간하기

주어진 재료를 사용하여 다음과 같이 토마토소스 해산물 스파게티를 만드시오.

1. 스파게티 면은 al dente(알 덴테)로 삶아서 사용하시오.

2. 조개는 껍질째, 새우는 껍질을 벗겨 내장을 제거하고, 관자살은 편으로 썰고, 오징어는 0.8×5cm 크기로 썰어 사용하시오.

3. 해산물은 화이트 와인을 사용하여 조리하고, 마늘과 양파는 해산물 조리와 토마토소스 조리에 나누어 사용하시오.

4. 바질을 넣은 토마토소스를 만들어 사용하시오.

5. 스파게티는 토마토소스에 버무리고 다진 파슬리와 슬라이스 한 바질을 넣어 완성하시오.

- 만드는 순서에 유의하며, 위생과 숙련된 기능평가를 위하여 조리작업 시 맛을 보지 않습니다.

- 지정된 수험자 지참 준비물 이외의 조리기구나 재료를 시험장 내에 지참할 수 없습니다.

- 지급재료는 시험 전 확인하여 이상이 있을 경우 시험위원으로부터 조치를 받고 시험 중에는 재료의 교환 및 추가지급은 하지 않습니다.

- 요구사항 및 지급재료의 규격은 "정도"의 의미를 포함하며, 재료의 크기에 따라 가감하여 채점됩니다.

- 위생복, 위생모, 앞치마, 마스크를 착용하여야 하며, 시험장비 · 조리기구 취급 등 안전에 유의합니다.

- 다음 사항은 실격에 해당하여 채점 대상에서 제외됩니다.

    ㉮ 수험자 본인이 시험 도중 시험에 대한 포기 의사를 표현하는 경우

    ㉯ 위생복, 위생모, 앞치마, 마스크를 착용하지 않은 경우

    ㉰ 시험시간 내에 과제 두 가지를 제출하지 못한 경우

    ㉱ 문제의 요구사항대로 과제의 수량이 만들어지지 않은 경우

    ㉲ 완성품을 요구사항의 과제(요리)가 아닌 다른 요리(예, 달걀말이→달걀찜)로 만든 경우

    ㉳ 불을 사용하여 만든 조리 작품이 작품 특성에 벗어나는 정도로 타거나 익지 않은 경우

    ㉴ 해당과제의 지급재료 이외 재료를 사용하거나, 요구사항의 조리기구(석쇠 등)로 완성품을 조리하지 않은 경우

    ㉵ 지정된 수험자지참준비물 이외의 조리기술에 영향을 줄 수 있는 기구를 사용한 경우

    ㉶ 가스레인지 화구 2개 이상(2개 포함) 사용한 경우

    ㉷ 시험 중 시설 · 장비(칼, 가스레인지 등) 사용 시 시험위원 및 타 수험자의 시험 진행에 위해를 일으킬 것으로 시험위원 전원이 합의하여 판단한 경우

    ㉸ 요구사항에 표시된 실격 및 부정행위에 해당하는 경우

- 항목별 배점은 위생상태 및 안전관리 5점, 조리기술 30점, 작품의 평가 15점입니다.

- 시험시작 전 가벼운 몸 풀기(스트레칭) 동작으로 긴장을 풀고 시험을 시작합니다.

물 5C, 소금을 넣고 끓으면 스파게티 면을 넣어 알 덴테의 형태로 7분간 삶아 올리브 오일에 버무린다.

마늘은 슬라이스하고, 양파는 다진 후, 바질 1/2은 다지고, 바질 1/2은 슬라이스한다. 방울 토마토는 1/4등분하고, 캔 토마토는 다지고, 파슬리는 다져서 수분을 없앤다.

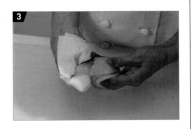

모시조개는 해감하고 새우는 내장과 껍질을 제거한다. 오징어는 껍질을 제거하여 0.8cm×5cm 폭으로 썰고, 관자는 막을 벗기고 편으로 썬다.

식용유를 두른 팬에 마늘, 양파를 볶다가 해산물을 넣고 화이트 와인을 넣는다.

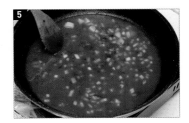

올리브 오일을 두른 팬에 마늘, 양파를 볶다가 캔 토마토, 국물을 넣어 끓으면 다진 바질을 넣는다.

해산물, 스파게티 면, 방울 토마토를 넣고 끓으면 소금, 흰 후춧가루로 간을 하고 다진 파슬리, 슬라이스 바질을 넣어 완성 그릇에 담는다.

기적의 Tip

- 스파게티 면이 알 덴테로 익도록 하며 너무 오래 익거나 덜 익히지 않는다.
- 해산물을 볶을 때 화이트 와인을 넣어 비린내를 없앤다.
- 소스의 농도를 적당히 하여 너무 묽거나 되직하지 않도록 한다.

이탈리안 미트 소스
Italian Meat Sauce

시험시간 30분

준비할 재료

양파 1/2개
소고기(갈은 것) 60g
마늘 1쪽
캔 토마토 30g
버터 10g
소금 2g

토마토 페이스트 30g
월계수 잎 1잎
파슬리 1줄기
검은 후춧가루 2g
셀러리 30g

조리 작업 순서

1 재료 세척하기
2 마늘, 양파, 셀러리, 토마토 다지기
3 고기 핏물 제거하기
4 마늘, 양파, 셀러리, 소고기 볶기
5 페이스트 볶기 → 토마토 볶기
6 물, 월계수 잎을 넣어 끓이기
7 파슬리 가루 만들기
8 월계수 잎을 건져내고 소금, 검은 후춧가루로 간하기
9 완성 그릇에 담아 파슬리 가루 뿌리기

주어진 재료를 사용하여 다음과 같이 이탈리안 미트 소스를 만드시오.

1. 모든 재료는 다져서 사용하시오.
2. 그릇에 담고 파슬리 다진 것을 뿌려내시오.
3. 소스는 150㎖ 이상 제출하시오.

- 만드는 순서에 유의하며, 위생과 숙련된 기능평가를 위하여 조리작업 시 맛을 보지 않습니다.

- 지정된 수험자 지참 준비물 이외의 조리기구나 재료를 시험장 내에 지참할 수 없습니다.

- 지급재료는 시험 전 확인하여 이상이 있을 경우 시험위원으로부터 조치를 받고 시험 중에는 재료의 교환 및 추가지급은 하지 않습니다.

- 요구사항 및 지급재료의 규격은 "정도"의 의미를 포함하며, 재료의 크기에 따라 가감하여 채점됩니다.

- 위생복, 위생모, 앞치마, 마스크를 착용하여야 하며, 시험장비 · 조리기구 취급 등 안전에 유의합니다.

- 다음 사항은 실격에 해당하여 채점 대상에서 제외됩니다.

  ㉮ 수험자 본인이 시험 도중 시험에 대한 포기 의사를 표현하는 경우

  ㉯ 위생복, 위생모, 앞치마, 마스크를 착용하지 않은 경우

  ㉰ 시험시간 내에 과제 두 가지를 제출하지 못한 경우

  ㉱ 문제의 요구사항대로 과제의 수량이 만들어지지 않은 경우

  ㉲ 완성품을 요구사항의 과제(요리)가 아닌 다른 요리(예, 달걀말이→달걀찜)로 만든 경우

  ㉳ 불을 사용하여 만든 조리 작품이 작품 특성에 벗어나는 정도로 타거나 익지 않은 경우

  ㉴ 해당과제의 지급재료 이외 재료를 사용하거나, 요구사항의 조리기구(석쇠 등)로 완성품을 조리하지 않은 경우

  ㉵ 지정된 수험자지참준비물 이외의 조리기술에 영향을 줄 수 있는 기구를 사용한 경우

  ㉶ 가스레인지 화구 2개 이상(2개 포함) 사용한 경우

  ㉷ 시험 중 시설 · 장비(칼, 가스레인지 등) 사용 시 시험위원 및 타 수험자의 시험 진행에 위해를 일으킬 것으로 시험위원 전원이 합의하여 판단한 경우

  ㉠ 요구사항에 표시된 실격 및 부정행위에 해당하는 경우

- 항목별 배점은 위생상태 및 안전관리 5점, 조리기술 30점, 작품의 평가 15점입니다.

- 시험시작 전 가벼운 몸 풀기(스트레칭) 동작으로 긴장을 풀고 시험을 시작합니다.

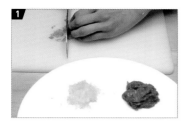

마늘, 양파, 셀러리, 캔 토마토를 다진다.

소고기는 키친타월을 이용하여 핏물을
없앤다.

냄비에 버터를 두르고 마늘, 양파, 셀러리
를 볶다가 소고기를 넣어 볶는다.

페이스트를 넣어 볶다가 토마토를 넣
는다.

물, 월계수 잎을 넣고 끓으면 거품을 제
거하며 끓인다.

파슬리는 잎만 곱게 다져 면포 안에 넣고
찬물에 헹군 후 물기를 짜 보슬하게 준비
한다. 소스에 소금, 검은 후춧가루로 간을
한 후, 완성 그릇에 담아 파슬리 가루를
뿌린다.

 기적의 Tip

- 소고기는 핏물을 제거해야 소스 색이 탁하지 않고 누린내가 나지 않는다.
- 야채를 버터에 충분히 볶아야 완성 후 표면에 수분이 겉돌지 않는다.
- 파슬리는 녹즙 제거를 해야 소스 위에 뿌렸을 때 지저분하지 않다.

홀렌다이즈 소스
Hollandaise Sauce

시험시간 25분

준비할 재료

버터 200g
달걀 2개
양파 1/8개
레몬 1/4개
파슬리 1줄기

검은 통후추 3개
식초 20㎖
월계수 잎 1잎
소금 2g
흰 후춧가루 1g

조리 작업 순서

1. 재료 세척하기
2. 양파 채 썰기, 통후추 으깨기
3. 허브 에센스 만들어 면포에 거르기
4. 버터 중탕하기
5. 달걀 노른자 풀기
6. 소스 만들기
7. 소금, 흰 후춧가루 넣기
8. 완성 그릇에 담기

주어진 재료를 사용하여 다음과 같이 홀렌다이즈 소스를 만드시오.

1. 양파, 식초를 이용하여 허브 에센스(herb essence)를 만들어 사용하시오.
2. 정제 버터를 만들어 사용하시오.
3. 소스는 중탕으로 만들어 굳지 않게 그릇에 담아내시오.
4. 소스는 100㎖ 이상 제출하시오.

• 만드는 순서에 유의하며, 위생과 숙련된 기능평가를 위하여 조리작업 시 맛을 보지 않습니다.

• 지정된 수험자 지참 준비물 이외의 조리기구나 재료를 시험장 내에 지참할 수 없습니다.

• 지급재료는 시험 전 확인하여 이상이 있을 경우 시험위원으로부터 조치를 받고 시험 중에는 재료의 교환 및 추가지급은 하지 않습니다.

• 요구사항 및 지급재료의 규격은 "정도"의 의미를 포함하며, 재료의 크기에 따라 가감하여 채점됩니다.

• 위생복, 위생모, 앞치마, 마스크를 착용하여야 하며, 시험장비 · 조리기구 취급 등 안전에 유의합니다.

• 다음 사항은 실격에 해당하여 채점 대상에서 제외됩니다.

　㉮ 수험자 본인이 시험 도중 시험에 대한 포기 의사를 표현하는 경우

　㉯ 위생복, 위생모, 앞치마, 마스크를 착용하지 않은 경우

　㉰ 시험시간 내에 과제 두 가지를 제출하지 못한 경우

　㉱ 문제의 요구사항대로 과제의 수량이 만들어지지 않은 경우

　㉲ 완성품을 요구사항의 과제(요리)가 아닌 다른 요리(예. 달걀말이→달걀찜)로 만든 경우

　㉳ 불을 사용하여 만든 조리 작품이 작품 특성에 벗어나는 정도로 타거나 익지 않은 경우

　㉴ 해당과제의 지급재료 이외 재료를 사용하거나, 요구사항의 조리기구(석쇠 등)로 완성품을 조리하지 않은 경우

　㉵ 지정된 수험자지참준비물 이외의 조리기술에 영향을 줄 수 있는 기구를 사용한 경우

　㉶ 가스레인지 화구 2개 이상(2개 포함) 사용한 경우

　㉷ 시험 중 시설 · 장비(칼, 가스레인지 등) 사용 시 시험위원 및 타 수험자의 시험 진행에 위해를 일으킬 것으로 시험위원 전원이 합의하여 판단한 경우

　㉸ 요구사항에 표시된 실격 및 부정행위에 해당하는 경우

• 항목별 배점은 위생상태 및 안전관리 5점, 조리기술 30점, 작품의 평가 15점입니다.

• 시험시작 전 가벼운 몸 풀기(스트레칭) 동작으로 긴장을 풀고 시험을 시작합니다.

양파는 채 썰고 검은 통후추는 칼배로 으깬다.

양파, 으깬 후추, 월계수 잎, 파슬리 줄기, 식초, 물을 넣어 3큰술 정도로 조린 후 면포에 걸러 허브 에센스를 만든다.

냄비에 깨끗한 면포를 접어 깔고 물을 넣은 후, 그 위에 버터볼을 얹어 중탕한다.

달걀 노른자를 볼에 풀어 거품기로 저어가며 허브 에센스를 조금씩 넣는다. 중탕한 정제 버터를 조금씩 넣어가며 거품기로 젓는다. 버터를 전량 넣은 후 레몬즙, 소금, 흰 후춧가루로 간을 한다.

물이 묻지 않은 완성 그릇에 소스를 전량 담는다.

기적의 Tip

- 통후추는 칼배로 눌러 으깬다.
- 버터를 중탕할 때 냄비에 깨끗한 면포를 깔고 물을 넣어 끓이면 볼이 흔들리지 않아 수분이 들어가거나 소음이 나지 않는다.
- 달걀 노른자는 온도가 너무 높으면 익어버리고 온도가 너무 낮으면 소스가 굳기 때문에 온도 조절에 주의한다.

브라운 그래비 소스
Brown Gravy Sauce

준비할 재료

밀가루 20g
브라운 스톡(물로 대체 가능)
300ml
소금 2g
검은 후춧가루 1g
버터 30g
양파 1/6개

셀러리 20g
당근 40g
토마토 페이스트 30g
월계수 잎 1잎
정향 1개

조리 작업 순서

① 재료 세척하기
② 양파, 당근, 셀러리 채 썰기 → 볶기
③ 브라운 루 만들기
④ 토마토 페이스트, 물 넣기
⑤ 볶은 재료, 월계수 잎, 정향 넣기
⑥ 끓이기
⑦ 소금, 검은 후춧가루 간하기
⑧ 체에 내리기

주어진 재료를 사용하여 다음과 같이 브라운 그래비 소스를 만드시오.

1. 브라운 루(brown roux)를 만들어 사용하시오.

2. 채소와 토마토 페이스트를 볶아서 사용하시오.

3. 소스의 양은 200㎖ 이상 만드시오.

수험자 유의사항

• 만드는 순서에 유의하며, 위생과 숙련된 기능평가를 위하여 조리작업 시 맛을 보지 않습니다.

• 지정된 수험자 지참 준비물 이외의 조리기구나 재료를 시험장 내에 지참할 수 없습니다.

• 지급재료는 시험 전 확인하여 이상이 있을 경우 시험위원으로부터 조치를 받고 시험 중에는 재료의 교환 및 추가지급은 하지 않습니다.

• 요구사항 및 지급재료의 규격은 "정도"의 의미를 포함하며, 재료의 크기에 따라 가감하여 채점됩니다.

• 위생복, 위생모, 앞치마, 마스크를 착용하여야 하며, 시험장비 · 조리기구 취급 등 안전에 유의합니다.

• 다음 사항은 실격에 해당하여 채점 대상에서 제외됩니다.

  ㉮ 수험자 본인이 시험 도중 시험에 대한 포기 의사를 표현하는 경우

  ㉯ 위생복, 위생모, 앞치마, 마스크를 착용하지 않은 경우

  ㉰ 시험시간 내에 과제 두 가지를 제출하지 못한 경우

  ㉱ 문제의 요구사항대로 과제의 수량이 만들어지지 않은 경우

  ㉲ 완성품을 요구사항의 과제(요리)가 아닌 다른 요리(예, 달걀말이→달걀찜)로 만든 경우

  ㉳ 불을 사용하여 만든 조리 작품이 작품 특성에 벗어나는 정도로 타거나 익지 않은 경우

  ㉴ 해당과제의 지급재료 이외 재료를 사용하거나, 요구사항의 조리기구(석쇠 등)로 완성품을 조리하지 않은 경우

  ㉵ 지정된 수험자지참준비물 이외의 조리기술에 영향을 줄 수 있는 기구를 사용한 경우

  ㉶ 가스레인지 화구 2개 이상(2개 포함) 사용한 경우

  ㉷ 시험 중 시설 · 장비(칼, 가스레인지 등) 사용 시 시험위원 및 타 수험자의 시험 진행에 위해를 일으킬 것으로 시험위원 전원이 합의하여 판단한 경우

  ㉸ 요구사항에 표시된 실격 및 부정행위에 해당하는 경우

• 항목별 배점은 위생상태 및 안전관리 5점, 조리기술 30점, 작품의 평가 15점입니다.

• 시험시작 전 가벼운 몸 풀기(스트레칭) 동작으로 긴장을 풀고 시험을 시작합니다.

양파, 당근, 셀러리는 채 썬다. 팬에 버터를 두르고 양파, 당근, 셀러리를 볶는다.

냄비에 버터를 녹인 후 밀가루를 넣어 볶는다.

약불로 진한 갈색이 나오도록 타지 않게 볶는다.

토마토 페이스트를 넣어 떫은맛과 신맛을 날리면서 타지 않게 볶는다.

물을 조금씩 넣으면서 몽우리 없이 풀어준다.

볶은 양파, 당근, 셀러리, 월계수 잎, 정향을 넣어 뭉근히 끓인다.

농도가 걸쭉해지면 소금, 검은 후춧가루로 간을 한 후 체에 거른다.

기적의 Tip

- 야채는 균일하게 썰어야 고르게 익는다.
- 토마토 페이스트는 잘 타므로 불을 끄고 넣어 남은 열에 의해 볶아질 수 있도록 한다.
- 거를 때 면포를 사용하면 소스가 내려가지 않으므로 체만 이용한다.
- 브라운 그래비 소스는 200㎖(1C)가 안되면 수량 부족으로 실격이므로 양이 모자라지 않도록 한다.

타르타르 소스
Tar Tar Sauce

⏱ 시험시간 **20분**

준비할 재료

양파 1/10개
오이피클 1/2개
레몬 1/4개
달걀 1개
소금 2g

식초 2㎖
흰 후춧가루 2g
마요네즈 70g
파슬리 1줄기

조리 작업 순서

❶ 재료 세척하기
❷ 달걀 삶기
❸ 양파 다진 후 소금에 절이기
❹ 피클 → 파슬리 → 달걀 다지기
❺ 양파 면포로 꽉 짜기
❻ 소스 버무리기
❼ 완성 그릇에 담아 파슬리 가루 뿌리기

주어진 재료를 사용하여 다음과 같이 타르타르 소스를 만드시오.

1. 다지는 재료는 0.2cm 크기로 하고 파슬리는 줄기를 제거하여 사용하시오.
2. 소스는 농도를 잘 맞추어 100㎖ 이상 제출하시오.

수험자 유의사항

- 만드는 순서에 유의하며, 위생과 숙련된 기능평가를 위하여 조리작업 시 맛을 보지 않습니다.

- 지정된 수험자 지참 준비물 이외의 조리기구나 재료를 시험장 내에 지참할 수 없습니다.

- 지급재료는 시험 전 확인하여 이상이 있을 경우 시험위원으로부터 조치를 받고 시험 중에는 재료의 교환 및 추가지 급은 하지 않습니다.

- 요구사항 및 지급재료의 규격은 "정도"의 의미를 포함하며, 재료의 크기에 따라 가감하여 채점됩니다.

- 위생복, 위생모, 앞치마, 마스크를 착용하여야 하며, 시험장비 · 조리기구 취급 등 안전에 유의합니다.

- 다음 사항은 실격에 해당하여 채점 대상에서 제외됩니다.

  ㉮ 수험자 본인이 시험 도중 시험에 대한 포기 의사를 표현하는 경우

  ㉯ 위생복, 위생모, 앞치마, 마스크를 착용하지 않은 경우

  ㉰ 시험시간 내에 과제 두 가지를 제출하지 못한 경우

  ㉱ 문제의 요구사항대로 과제의 수량이 만들어지지 않은 경우

  ㉲ 완성품을 요구사항의 과제(요리)가 아닌 다른 요리(예, 달걀말이→달걀찜)로 만든 경우

  ㉳ 불을 사용하여 만든 조리 작품이 작품 특성에 벗어나는 정도로 타거나 익지 않은 경우

  ㉴ 해당과제의 지급재료 이외 재료를 사용하거나, 요구사항의 조리기구(석쇠 등)로 완성품을 조리하지 않은 경우

  ㉵ 지정된 수험자지참준비물 이외의 조리기술에 영향을 줄 수 있는 기구를 사용한 경우

  ㉶ 가스레인지 화구 2개 이상(2개 포함) 사용한 경우

  ㉷ 시험 중 시설 · 장비(칼, 가스레인지 등) 사용 시 시험위원 및 타 수험자의 시험 진행에 위해를 일으킬 것으로 시험 위원 전원이 합의하여 판단한 경우

  ㉸ 요구사항에 표시된 실격 및 부정행위에 해당하는 경우

- 항목별 배점은 위생상태 및 안전관리 5점, 조리기술 30점, 작품의 평가 15점입니다.

- 시험시작 전 가벼운 몸 풀기(스트레칭) 동작으로 긴장을 풀고 시험을 시작합니다.

1 냄비에 물을 넉넉히 넣고 소금, 식초를 넣어 달걀을 13분 정도 삶는다.

2 삶은 달걀은 찬물에 식혀 껍질을 벗긴 후 노른자와 흰자로 분리하여 곱게 다지거나 체에 내린다.

3 절인 양파는 면포에 꽉 짠다. 피클은 곱게 다진다.

4 파슬리는 잎만 곱게 다져 면포 안에 넣고 찬물에 헹군 후 물기를 짜 보슬하게 준비한다.

5 레몬즙은 레몬씨가 들어가지 않게 짜서 소스에 섞는다.

6 준비한 재료와 마요네즈, 소금, 흰 후춧가루를 넣어 너무 질거나 되직하지 않게 고루 섞는다.

 기적의 Tip

· 달걀을 삶을 때 완숙으로 익혀야 소스의 농도가 묽지 않다.
· 각각의 재료는 0.2cm 크기로 일정하게 다진다.
· 양파는 소금에 절여 수분을 꽉 짜야 매운맛이 제거되고 수분도 생기지 않는다.

CRAFTSMAN COOK, WESTERN FOOD

양식
조리기능사
실기

핵심암기장

실기시험 응시 절차 안내

01 응시 자격 조건

- 필기시험 합격자
- 국가기술자격법 시행규칙 제18조에 의한
  필기시험 면제 대상자

02 원서 접수하기

- 접수 시 시험 날짜를 선택하며, 먼저 접수하는
  수험자가 시험일자 및 시험장 선택의 폭이 넓다.
- 원서접수 첫날 오전 10시부터 원서접수 마지막 날
  오후 18시까지(선착순 접수)
- 응시료 : 29,600원

03 실기 시험 응시

- 준비물 : 수험표, 신분증, 실기 도구
- 시험문항 : 양식은 30가지 메뉴 중 무작위로 출제
- 합격기준 : 100점 만점에 60점 이상이면 합격

04 합격자 발표

- q-net.or.kr에서 합격 여부 확인 후
  자격증 발급 신청
- 시험접수 관련 문의전화 : 1644-8000

브라운 스톡
Brown Stock
🕐 조리시간 30분

준비할 재료

소뼈 150g, 양파 1/2개, 당근 40g, 셀러리 30g, 검은 통후추 4개, 토마토 1개, 파슬리 1줄기, 월계수 잎 1잎, 정향 1개, 버터 5g, 식용유 50㎖, 면실 30cm, 다임 1줄기, 다시백 1개(10×12cm)

조리 작업 순서

① 재료 세척하기, 소뼈 찬물에 담그기
② 물 끓이기
③ 채소, 토마토, 사세 데피스 준비하기
④ 소뼈 데치기
⑤ 소뼈, 야채 굽기
⑥ 물, 사세 데피스, 토마토, 볶은 야채와 소뼈 넣어 끓이기
⑦ 거품 제거하기
⑧ 면포에 거르기
⑨ 완성 그릇에 담기

쉬림프 카나페
Shrimp Canape
🕐 조리시간 30분

준비할 재료

새우 4마리, 식빵 1조각, 달걀 1개, 파슬리 1줄기, 버터 30g, 토마토 케첩 10g, 소금 5g, 흰 후춧가루 2g, 레몬 1/8개, 이쑤시개 1개, 당근 15g, 셀러리 15g, 양파 1/8개

조리 작업 순서

① 재료 세척하기
② 파슬리 찬물에 담그기
③ 달걀 굴려 삶기
④ 새우 내장 제거하기 → 새우 삶아 식히기
⑤ 식빵 모양내기 → 식빵 굽기
⑥ 달걀 재단하기
⑦ 새우 모양내기
⑧ 파슬리 손질하기
⑨ 완성하기(식빵 → 버터 → 달걀 → 새우 → 토마토 케첩 → 파슬리)

프렌치 프라이드 쉬림프
French Fried Shrimp

⏱ 조리시간 25분

준비할 재료

새우 4마리, 달걀 1개, 레몬 1/6개, 파슬리 1줄기, 밀가루 80g, 이쑤시개 1개, 소금 2g, 흰 후춧가루 2g, 식용유 500㎖, 흰 설탕 2g, 냅킨 2장

조리 작업 순서

① 재료 세척하기
② 새우 손질하기 : 내장 → 머리 → 껍질, 물총, 꼬리 이물질 제거하기 → 배쪽 칼집 넣기 → 밑간하기
③ 가니쉬 손질하기(레몬, 파슬리)
④ 달걀 흰자 거품내기
⑤ 튀김 기름 예열하기
⑥ 반죽 옷 만들기
⑦ 새우 밀가루 입히기
⑧ 새우 튀김 옷 입히기 → 튀기기 → 기름 제거하기
⑨ 완성 그릇에 담아 가니쉬로 장식하기

03

참치 타르타르
Tuna Tartar

⏱ 조리시간 30분

준비할 재료

붉은색 참치살(냉동 지급) 80g, 양파 1/8개, 그린올리브 2개, 케이퍼 5개, 처빌 2줄기, 올리브 오일 25㎖, 레몬 1/4개, 핫소스 5㎖, 꽃소금 5g, 흰 후춧가루 3g, 차이브(실파로 대체 가능) 5줄기, 롤라로사(꽃(적)상추로 대체 가능) 2잎, 그린치커리 2줄기, 붉은색 파프리카 1/4개, 노란색 파프리카 1/8개, 오이 1/10개, 파슬리 1줄기, 딜 3줄기, 식초 10㎖

조리 작업 순서

① 재료 세척하기 → 물 끓이기
② 참치 소금물에 담그기
③ 차이브 한 줄기 데치기
④ 오이 손질하기
⑤ 부케용 채소 만들기 → 오이에 끼우기
⑥ 비네그레트 만들기
⑦ 타르타르용 채소 썰기 → 참치 썰기
⑧ 타르타르 버무리기
⑨ 완성 그릇에 샐러드 부케 올리기 → 참치 퀜넬 형태 담기 → 채소 비네그레트 뿌리기

04

BLT 샌드위치
Bacon, Lettuce, Tomato Sandwich

⏱ 조리시간 30분

준비할 재료

식빵 3조각, 양상추 20g, 토마토 1/2개, 베이컨 2조각, 마요네즈 30g, 소금 3g, 검은 후춧가루 1g

조리 작업 순서

❶ 재료 세척하기
❷ 식빵 토스트하기
❸ 토마토 썰어 소금, 검은 후춧가루 뿌리기
❹ 베이컨 구워 기름빼기
❺ 양상추 뜯기
❻ 쌓아 올리기
❼ 가장자리 제거하고 등분하기

햄버거 샌드위치
Hamburger Sandwich

⏱ 조리시간 30분

준비할 재료

소고기 100g, 양파 1개, 빵가루 30g, 셀러리 30g, 소금 3g, 검은 후춧가루 1g, 양상추 20g, 토마토 1/2개, 버터 15g, 햄버거빵 1개, 식용유 20㎖, 달걀 1개

조리 작업 순서

❶ 재료 세척하기
❷ 빵에 버터 바르기 → 빵 토스트하기
❸ 토마토 썰어 소금, 검은 후춧가루 뿌리기
❹ 양파링 썰기 → 양파 굽기
❺ 양파, 셀러리 다지기 → 양파, 셀러리 볶기
❻ 고기 반죽하여 빚기 → 고기 굽기
❼ 양상추 뜯기
❽ 쌓아 올리기
❾ 햄버거를 반으로 자르기

월도프 샐러드
Waldorf Salad

⏱조리시간 20분

준비할 재료

사과 1개, 셀러리 30g, 호두 2개, 레몬 1/4개, 양상추 20g, 마요네즈 60g, 소금 2g, 흰 후춧가루 1g, 이쑤시개 1개

조리 작업 순서

① 재료 세척하기
② 호두 불릴 물 끓이기
③ 양상추 찬물에 담그기 → 호두 불리기
④ 셀러리 썰기 → 호두 속껍질 벗기고 썰기 → 사과 썰기
⑤ 사과, 셀러리, 호두 물기 제거하기
⑥ 사과, 셀러리, 호두를 마요네즈, 레몬즙, 소금, 흰 후춧가루에 버무리기
⑦ 양상추 뜯기
⑧ 완성 그릇에 양상추 깔고 버무린 샐러드를 담은 후 다진 호두 올리기

포테이토 샐러드
Potato Salad

⏱조리시간 30분

준비할 재료

감자 1개, 마요네즈 50g, 흰 후춧가루 1g, 양파 1/6개, 소금 5g, 파슬리 1줄기

조리 작업 순서

① 재료 세척하기
② 감자 삶을 물 끓이기
③ 감자 썰어 전분 제거하기
④ 끓는 물에 소금을 넣고 감자 삶기
⑤ 양파 다져 소금물에 담그기
⑥ 파슬리 다져 녹즙 제거하기
⑦ 삶은 감자 건져 식히기
⑧ 식힌 감자, 양파, 파슬리, 마요네즈, 소금, 흰 후춧가루를 넣어 버무리기
⑨ 완성 그릇에 담아 파슬리 가루 뿌리기

사우전 아일랜드 드레싱
Thousand Island Dressing

🕒 조리시간 20분

준비할 재료
양파 1/6개, 청피망 1/4개, 오이 피클 1/2개, 레몬 1/4개, 달걀 1개, 마요네즈 70g, 토마토 케첩 20g, 식초 10㎖, 소금 2g, 흰 후춧가루 1g

조리 작업 순서
1. 재료 세척하기
2. 달걀 삶기
3. 양파 다져서 소금에 절이기
4. 청피망, 피클 다지기
5. 달걀 다지기
6. 양파 면포로 꽉 짜기
7. 드레싱 버무리기

09

해산물 샐러드
Seafood Salad

🕒 조리시간 30분

준비할 재료
새우 3마리, 관자살 1개, 피홍합 3개, 중합(모시조개, 백합) 3개, 양파 1/4개, 마늘 1쪽, 실파 20g, 그린치커리 2줄기, 양상추 10g, 롤라로사(꽃(적)상추로 대체 가능) 2잎, 올리브 오일 20㎖, 레몬 1/4개, 식초 10㎖, 딜 2줄기, 월계수 잎 1잎, 셀러리 10g, 흰 통후추 3개, 소금 5g, 흰 후춧가루 5g, 당근 15g

조리 작업 순서
1. 재료 세척하기
2. 야채 찬물에 담그기
3. 쿠르부용 끓이기
4. 해산물 손질하기(새우, 피홍합, 중합, 관자)
5. 해산물 쿠르부용에 익히기
6. 익힌 해산물 손질하기
7. 레몬 비네그레트 만들기
8. 야채 수분 제거하기
9. 완성 그릇에 담기
10. 레몬 비네그레트 뿌리기

10

시저 샐러드
Caesar Salad

⏱ 조리시간 35분

준비할 재료

달걀 2개, 디존 머스타드 10g, 레몬 1개, 로메인 상추 50g, 마늘 1쪽, 베이컨(길이 25~30cm) 1조각, 앤초비 3개, 올리브 오일 20ml, 카놀라 오일 300ml, 식빵 1개, 검은 후춧가루 5g, 파미지아노 레기아노 20g, 화이트 와인 식초 20ml, 소금 10g

조리 작업 순서

① 재료 세척
② 로메인 상추 재단, 찬물
③ 마늘 다짐
④ 식빵 썰기, 양념 볶음
⑤ 베이컨 썰기 볶음, 기름 제거
⑥ 엔초비 다짐
⑦ 파미지아노 레기아노 갈기
⑧ 레몬즙 만들기
⑨ 마요네즈 완성
⑩ 시저 드레싱 완성
⑪ 로메인 상추 드레싱에 버무려 담기
⑫ 베이컨, 크루톤, 파마지아노 레기아노, 검은 후춧가루 뿌림

스페니쉬 오믈렛
Spanish Omelet

⏱ 조리시간 30분

준비할 재료

달걀 3개, 토마토 1/4개, 양파 1/6개, 청피망 1/6개, 양송이 1개, 베이컨 1/2조각, 토마토 케첩 20g, 검은 후춧가루 2g, 소금 5g, 식용유 20㎖, 버터 20g, 생크림 20㎖

조리 작업 순서

① 재료 세척하기
② 달걀을 풀어 소금, 생크림과 섞기
③ 체에 내리기
④ 속에 넣을 재료 다지기
⑤ 다진 재료 볶기 → 토마토 케첩, 소금, 검은 후춧가루 넣어 볶기
⑥ 오믈렛 팬에 식용유, 버터 녹이기
⑦ 달걀 부어 스크럼블 하기
⑧ 스크럼블 달걀 기울여 볶은 재료 넣기
⑨ 타원형으로 말기
⑩ 버터를 발라 완성하기

치즈 오믈렛
Cheese Omelet

🕐 조리시간 20분

준비할 재료

달걀 3개, 치즈 1장, 버터 30g, 식용유 20㎖, 생크림 20
㎖, 소금 2g

조리 작업 순서

1 달걀을 풀어 소금, 생크림과 섞기
2 체에 내리기
3 치즈 다지기
4 달걀, 치즈 1/2 정도 섞기
5 오믈렛 팬에 식용유, 버터 녹이기
6 달걀 부어 스크럼블하기
7 스크럼블 달걀 기울여 치즈 넣기
8 타원형으로 말기
9 버터를 발라 완성하기

13

비프 콘소메 수프
Beef Consomme Soup

🕐 조리시간 40분

준비할 재료

소고기(살코기 갈은 것) 70g, 양파 1개, 당근 40g, 셀러
리 30g, 토마토 1/4개, 달걀 1개, 비프 스톡(물로 대체
가능) 500㎖, 파슬리 1줄기, 검은 통후추 1개, 검은 후
춧가루 2g, 정향 1개, 월계수 잎 1잎, 소금 2g

조리 작업 순서

1 재료 세척하기
2 양파 일부를 1cm 두께의 링으로 썰어 어니언 브루
  리 만들기
3 나머지 양파, 당근, 셀러리 채 썰기
4 토마토 콩카세하여 다지기
5 달걀 흰자 거품내기
6 어니언 브루리, 채 썬 재료, 토마토, 소고기 거품에
  섞기
7 물, 준비한 재료 끓이기 → 거르기
8 소금, 검은 후춧가루 간하기

14

미네스트로니 수프
Minestrone Soup

⏱ 조리시간 30분

15

준비할 재료

양파 1/4개, 셀러리 30g, 당근 40g, 무 10g, 양배추 40g, 버터 5g, 스트링빈스 2줄기, 완두콩 5알, 토마토 1/8개, 스파게티 2가닥, 토마토 페이스트 15g, 파슬리 1줄기, 베이컨 1/2조각, 마늘 1쪽, 소금 2g, 검은 후춧가루 2g, 치킨 스톡(물로 대체 가능) 200㎖, 월계수 잎 1잎, 정향 1개

조리 작업 순서

1. 재료 세척하기
2. 물 끓이기 → 스파게티 삶기
3. 채소 썰기 → 토마토 썰기 → 마늘 다지기
4. 부케가르니 준비하기
5. 순서대로 볶기
6. 끓이기, 거품 제거하기
7. 파슬리 손질하기
8. 소금, 후춧가루로 간하기
9. 완성 그릇에 담기
10. 파슬리 가루 뿌리기

피시 차우더 수프
Fish Chowder Soup

⏱ 조리시간 30분

16

준비할 재료

대구살 50g, 감자 1/4개, 베이컨 1/2 조각, 양파 1/6개, 셀러리 30g, 버터 20g, 밀가루 15g, 우유 200㎖, 소금 2g, 흰 후춧가루 2g, 정향 1개, 월계수 잎 1잎

조리 작업 순서

1. 재료 세척하기
2. 베이컨 썰기, 데치기
3. 생선살 썰기, 물에 넣어 육수내기
4. 감자, 양파, 셀러리 썰기, 볶기
5. 화이트 루 만들기
6. 피시스톡, 부케가르니 넣어 끓이기
7. 볶은 재료, 베이컨, 우유 넣어 끓이기
8. 부케가르니 건져내고 생선 넣기
9. 소금, 흰 후춧가루로 간하기
10. 완성 그릇에 담기

프렌치 어니언 수프
French Onion Soup

🕑 조리시간 30분

준비할 재료

양파 1개, 바게트빵 1조각, 버터 20g, 소금 2g, 검은 후 춧가루 1g, 파마산 치즈가루 10g, 백포도주 15㎖, 마늘 1쪽, 파슬리 1줄기, 맑은 스톡(물로 대체 가능) 270㎖

조리 작업 순서

1. 재료 세척하기
2. 양파 속껍질 제거하기 → 채 썰기
3. 냄비에 버터를 두르고 양파 볶기
4. 백포도주 넣기
5. 물 부어 끓이기
6. 마늘 다지기 → 파슬리 다지기
7. 마늘 버터를 만들어 바게트에 바르기
8. 바게트 굽기
9. 거품 제거하기
10. 소금, 후추로 간하기
11. 완성 그릇에 담기 → 마늘바게트 따로 곁들이기

포테이토 크림 수프
Potato Cream Soup

🕑 조리시간 30분

준비할 재료

감자 1개, 대파 1토막, 양파 1/4개, 버터 15g, 치킨 스톡 (물로 대체 가능) 270㎖, 생크림 20㎖, 식빵 1조각, 소금 2g, 흰 후춧가루 1g, 월계수 잎 1잎

조리 작업 순서

1. 재료 세척하기
2. 감자(껍질 제거, 썰기, 찬물에 담그기)
3. 양파, 대파 썰기 → 양파, 대파, 감자 볶기
4. 물, 월계수 잎을 넣어 끓이기
5. 크루톤 만들기
6. 끓인 재료 체에 내리기
7. 생크림 넣어 끓이기
8. 소금, 흰 후춧가루로 간하기
9. 완성 그릇에 담기
10. 제출 직전에 크루톤 띄우기

치킨 알라킹
Chicken A'la king

⏱ 조리시간 30분

19

준비할 재료

닭다리 1개(허벅지살 포함 반마리 지급 가능), 양파 1/6 개, 청피망 1/4개, 홍피망 1/6개, 양송이 20g, 버터 20g, 밀가루 15g, 월계수 잎 1잎, 정향 1개, 우유 150㎖, 생크림 20㎖, 소금 2g, 흰 후춧가루 2g

조리 작업 순서

① 재료 세척하기
② 닭 세척하기, 물기 제거하기
③ 뼈와 살 분리하기 → 껍질 제거, 2×2cm 썰기
④ 치킨 육수 만들기
⑤ 양파, 양송이, 피망, 썰기 → 볶기
⑥ 닭살 볶기
⑦ 화이트 루 만들기
⑧ 정향, 우유 넣기
⑨ 베샤멜 소스에 치킨 육수, 닭고기, 채소, 생크림, 소금, 흰 후춧가루 넣기

치킨 커틀렛
Chicken Cutlet

⏱ 조리시간 30분

준비할 재료

닭다리 1개(허벅지살 포함 반마리 지급 가능), 달걀 1개, 밀가루 30g, 빵가루 50g, 소금 2g, 검은 후춧가루 2g, 식용유 500㎖, 냅킨 2장

조리 작업 순서

① 재료 세척하기
② 닭 세척하기, 물기 제거하기
③ 뼈와 살 분리하기 → 포뜨기 → 칼집 넣기 → 소금, 검은 후춧가루로 간하기
④ (밀가루 → 달걀물 → 빵가루) 순서대로 입히기
⑤ 튀기기
⑥ 기름 빼기

비프 스튜
Beef Stew

🕒 조리시간 40분

소고기 100g, 양파 1/4개, 당근 70g, 셀러리 30g, 감자 1/3개, 마늘 1쪽, 밀가루 25g, 토마토 페이스트 20g, 파슬리 1줄기, 월계수잎 1잎, 정향 1개, 소금 2g, 버터 30g, 검은 후춧가루 2g

조리 작업 순서

① 재료 세척하기 → 소고기 핏물 제거하기
② 양파, 당근, 셀러리, 감자, 마늘 재단하기
③ 감자 찬물에 담그기
④ 파슬리 가루 준비하기
⑤ 소고기 재단, 밑간하기 → 소고기 밀가루 입히기
⑥ 팬에 마늘, 양파, 당근, 셀러리, 감자 볶기 → 팬에 소고기 지지기
⑦ 브라운 루 만들기 → 토마토 페이스트 넣기 → 물 넣어 끓이기 → 볶은 채소, 지진 소고기, 월계수 잎, 정향 넣어 끓이기 → 소금, 검은 후춧가루로 간하기 → 월계수 잎 건져내기
⑧ 완성 그릇에 담아 파슬리 가루 뿌리기

살리스버리 스테이크
Salisbury Steak

🕒 조리시간 40분

준비할 재료

소고기(갈은 것) 130g, 양파 1/6개, 달걀 1개, 우유 10㎖, 빵가루 20g, 소금 2g, 검은 후춧가루 2g, 식용유 150㎖, 감자 1/2개, 당근 70g, 시금치 70g, 흰 설탕 25g, 버터 50g

조리 작업 순서

① 재료 세척하기
② 물 끓이기
③ 감자 손질하여 찬물에 담그기
④ 시금치 뿌리 손질하기 → 당근 손질하기
⑤ 끓는 물에 감자 → 당근 → 시금치를 순서대로 데치기
⑥ 양파 다지기
⑦ 감자 튀기기
⑧ 양파 1/2 볶아 식히기
⑨ 남은 양파 1/2 볶다가 시금치 볶기
⑩ 당근 조리기
⑪ 소고기 치대기 → 소고기 굽기
⑫ 완성 접시에 담기

22

서로인 스테이크
Sirloin Steak

⏱ 조리시간 30분

준비할 재료

소고기 200g, 감자 1/2개, 당근 70g, 시금치 70g, 양파 1/6개, 소금 2g, 검은 후춧가루 1g, 식용유 150㎖, 흰 설탕 25g, 버터 50g

조리 작업 순서

① 재료 세척하기
② 물 끓이기
③ 감자 손질하여 찬물에 담그기
④ 시금치 뿌리 손질하기
⑤ 당근 손질하기
⑥ 끓는 물에 감자, 당근, 시금치를 순서대로 데치기
⑦ 양파 다지기
⑧ 감자 튀기기
⑨ 시금치, 양파 볶기 → 당근 조리기
⑩ 소고기 손질하기 → 소고기 굽기
⑪ 완성 접시에 담기

바베큐 폭찹
Barbecued Pork Chop

⏱ 조리시간 40분

준비할 재료

돼지갈비 200g, 양파 1/4개, 셀러리 30g, 마늘 1쪽, 밀가루 10g, 토마토 케첩 30g, 비프 스톡(물로 대체 가능) 200㎖, 황설탕 10g, 핫 소스 5㎖, 우스터 소스 5㎖, 식초 10㎖, 레몬 1/6개, 버터 10g, 식용유 30㎖, 월계수 잎 1잎, 소금 2g, 검은 후춧가루 2g

조리 작업 순서

① 재료 세척하기
② 돼지갈비 찬물에 담그기
③ 돼자갈비 기름 제거 → 포 뜨기 → 칼집내기 → 밑간하기
④ 마늘, 양파, 셀러리 다지기
⑤ 돼지갈비에 밀가루 입혀 지지기
⑥ 냄비에 소스 만들어 끓이기
⑦ 지진 돼지갈비 넣어 조리기
⑧ 월계수 잎 건지기
⑨ 소금, 검은 후춧가루 간하기

스파게티 카르보나라
Spaghetti Carbonara

⏱ 조리시간 30분

준비할 재료

스파게티 면 80g, 올리브 오일 20㎖, 버터 20g, 생크림 180㎖, 베이컨(길이 25~30cm) 1조각, 달걀 1개, 파마산 치즈가루 10g, 파슬리 1줄기, 소금 5g, 검은통후추 5개, 식용유 20㎖

조리 작업 순서

❶ 재료 세척하기
❷ 스파게티 면 삶기
❸ 재료 순서대로 썰기 → 볶기
❹ 소스 만들기
❺ 파마산 치즈가루, 소금, 으깬 통후추 넣기
❻ 파슬리 가루 넣기

25

토마토소스 해산물 스파게티
Seafood Spaghetti Tomato Sauce

⏱ 조리시간 35분

준비할 재료

스파게티 면 70g, 토마토(캔) 300g, 마늘 3쪽 , 양파 1/2개, 바질 4잎, 파슬리 1줄기, 방울 토마토 2개, 올리브 오일 40㎖, 새우 3마리, 모시조개 3개, 오징어 50g, 관자살 1개, 화이트 와인 20㎖, 소금 5g, 흰 후춧가루 5g, 식용유 20㎖

조리 작업 순서

❶ 재료 세척하기
❷ 스파게티 면 삶기
❸ 재료 순서대로 썰기 → 볶기
❹ 토마토소스 만들기
❺ 스파게티 면을 토마토소스에 버무리기
❻ 파슬리, 바질 넣기
❼ 소금, 흰 후춧가루 간하기

26

이탈리안 미트 소스
Italian Meat Sauce

⏱ 조리시간 30분

준비할 재료

양파 1/2개, 소고기(갈은 것) 60g, 마늘 1쪽, 캔 토마토 30g, 버터 10g, 토마토 페이스트 30g, 월계수 잎 1잎, 파슬리 1줄기, 검은 후춧가루 2g, 셀러리 30g, 소금 2g

조리 작업 순서

① 재료 세척하기
② 마늘, 양파, 셀러리, 토마토 다지기
③ 고기 핏물 제거하기
④ 마늘, 양파, 셀러리, 소고기 볶기
⑤ 페이스트 볶기 → 토마토 볶기
⑥ 물, 월계수 잎을 넣어 끓이기
⑦ 파슬리 가루 만들기
⑧ 월계수 잎을 건져내고 소금, 검은 후춧가루로 간하기
⑨ 완성 그릇에 담아 파슬리 가루 뿌리기

홀렌다이즈 소스
Hollandaise Sauce

⏱ 조리시간 25분

준비할 재료

버터 200g , 달걀 2개, 양파 1/8개, 레몬 1/4개, 파슬리 1줄기, 검은 통후추 3개, 식초 20㎖, 월계수 잎 1잎, 소금 2g, 흰 후춧가루 1g

조리 작업 순서

① 재료 세척하기
② 양파 채 썰기, 통후추 으깨기
③ 허브 에센스 만들어 면포에 거르기
④ 버터 중탕하기
⑤ 달걀 노른자 풀기
⑥ 소스 만들기
⑦ 소금, 흰 후춧가루 넣기
⑧ 완성 그릇에 담기

브라운 그래비 소스
Brown Gravy Sauce

🕐 조리시간 30분

29

준비할 재료

밀가루 20g, 브라운 스톡(물로 대체 가능) 300㎖, 소금 2g, 검은 후춧가루 1g, 버터 30g, 양파 1/6개, 셀러리 20g, 당근 40g, 토마토 페이스트 30g, 월계수 잎 1잎, 정향 1개

조리 작업 순서

❶ 재료 세척하기
❷ 양파, 당근, 셀러리 채 썰기 → 볶기
❸ 브라운 루 만들기
❹ 토마토 페이스트, 물 넣기
❺ 볶은 재료, 월계수 잎, 정향 넣기
❻ 끓이기
❼ 소금, 검은 후춧가루 간하기
❽ 체에 내리기

타르타르 소스
Tar Tar Sauce

🕐 조리시간 20분

준비할 재료

양파 1/10개, 오이피클 1/2개, 레몬 1/4개, 달걀 1개, 소금 2g, 마요네즈 70g, 파슬리 1줄기, 식초 2㎖, 흰 후춧가루 2g

조리 작업 순서

❶ 재료 세척하기
❷ 달걀 삶기
❸ 양파 다진 후 소금에 절이기
❹ 피클 → 파슬리 → 달걀 다지기
❺ 양파 면포로 꽉 짜기
❻ 소스 버무리기
❼ 완성 그릇에 담아 파슬리 가루 뿌리기

MEMO

MEMO